U0530736

本成果受到中国人民大学2018年度"中央高校建设世界一流大学（学科）和特色发展引导专项资金"支持

国家智库报告 2018(47)
National Think Tank
社会发展

中国农村土地征收制度改革：回顾与展望

张清勇 著

REFORM OF THE RURAL LAND EXPROPRIATION
SYSTEM IN CHINA: RETROSPECT AND PROSPECT

中国社会科学出版社

图书在版编目(CIP)数据

中国农村土地征收制度改革：回顾与展望/张清勇著.—北京：中国社会科学出版社，2018.12

(国家智库报告)

ISBN 978-7-5203-3823-3

Ⅰ.①中… Ⅱ.①张… Ⅲ.①农业用地—土地征用—土地制度—体制改革—研究—中国 Ⅳ.①F321.1

中国版本图书馆 CIP 数据核字(2018)第 289180 号

出 版 人	赵剑英
项目统筹	王 茵
责任编辑	喻 苗
特约编辑	范晨星
责任校对	韩天炜
责任印制	李寡寡

出　版	中国社会科学出版社
社　址	北京鼓楼西大街甲 158 号
邮　编	100720
网　址	http://www.csspw.cn
发行部	010-84083685
门市部	010-84029450
经　销	新华书店及其他书店

印刷装订	北京君升印刷有限公司
版　次	2018 年 12 月第 1 版
印　次	2018 年 12 月第 1 次印刷
开　本	787×1092 1/16
印　张	6.25
插　页	2
字　数	60 千字
定　价	29.00 元

凡购买中国社会科学出版社图书，如有质量问题请与本社营销中心联系调换
电话：010-84083683
版权所有　侵权必究

摘要：进入21世纪后，中国在征地领域面临严峻挑战，征地制度改革亟待推进。习近平总书记在2013年12月3日中共中央政治局会议上听取第二次全国土地调查情况汇报时也指出，"要夯实土地权能这一基础，完善征地制度这一关键"。利用1949年以来历次征地法律法规制定过程的大量文本以及对立法关键人物的访谈记录，本报告深入征地制度的变迁过程，回顾中国农村土地征收制度改革的经过，对1999年以来三轮征地制度改革试点的进展进行描述和评价，比较细致地探讨了自2015年以来迄今仍在推动的新一轮农村土地征收制度改革试点，基于此探讨影响征地制度变迁的力量，讨论征地制度改革遭遇的阻力。为了让征地制度朝着改善的方向改革，报告建议：借鉴历史经验以及改革试点中涌现的好做法，明确政府角色定位；修改宪法的土地条款；确保只有公共利益项目才可以动用征地权；允许集体土地按规划进入市场；正常补偿，评议商定补偿款并签订征地协议；建立兼顾国家、集体、个人的土地增值收益分配机制；设计好征地的论证、争议和裁决程序；加快立法、修法进度，将正确的征地理念、程序和好的试点经验法制化。

关键词：土地；土地征收；土地征用；征地制度；制度改革

Abstract: After entering the 21st century, the scale of land expropriation in China is unprecedented, fierce land expropriation conflicts kick off, and the urgency of the reform of land expropriation system is enhanced. When General Secretary Xi Jinping heard the report on the second national land survey at the CPC Political Bureau Central Committee on December 3, 2013, he also pointed out that "it is necessary to consolidate the foundation of land rights and to improve the key institution of land expropriation". Using a large number of documents produced in the process of enacting land expropriation laws and regulations in various historical periods, and interviews with major law makers, this report goes deep into the history of the institutional changes concerning Chinese farmland expropriation, reviews the reform of rural land expropriation system in China, and discusses the forces affecting the changes of land expropriation system. Main obstacles to the reform of land expropriation system were described, the progress of the three-round land expropriation system reform since 1999 were evaluated, and the latest round of pilot reform of rural land expropriation system that has been promoted since 2015 were investigated in detail. A series of policy implications were suggested to improve land expropriation system in China: (1) learn from the historical experience and the good practices emerging in the pilot reforms to clarify the role of the government; (2) modify land related provisions in the Constitution; (3) ensure that only public interest projects can use land expropriation power; (4) allow collective land to go directly into the market according to land use plans; (5) compensate appropriately, and procedures such as compensation reviewing and signing agreement must be met; (6) establish a land value-added income distribution mechanism that takes the state, collectives, and individuals into account; (7) design procedures concerning the argumentation, dispute settling and adjudication for land expropriation; (8) speed up the process of land related legislations.

Key Words: Land; Land Expropriation; Land Requisition; Institutions; Reform

目 录

第一章 中国土地征收制度的历史演进 ………… (1)
  一 《国家建设征用土地办法》：从 1953 年
    到 1958 年 ……………………………………… (6)
  二 20 世纪 80 年代宪法修改和相关立法 …… (10)
  三 20 世纪 90 年代以来的变化 ……………… (17)

第二章 1999 年以来的征地制度改革进程 …… (27)
  一 中央和国务院的一些部署 ………………… (28)
  二 国土资源部的两轮改革试点 ……………… (37)
  三 征地领域的一些具体进展 ………………… (42)
  四 《集体土地征收补偿条例》一直
    未出台 ……………………………………… (51)

第三章 新一轮农村土地征收制度改革试点 …… (55)
  一 新一轮改革试点概况 ……………………… (55)

二　征地制度改革试点县案例研究…………（61）

第四章　结论与展望……………………………（75）
　　一　结论……………………………………（75）
　　二　展望……………………………………（78）

第一章　中国土地征收制度的历史演进

进入21世纪后，中国土地征收领域出现了两个明显的新特点。[①] 一是征地规模剧增。20世纪80年代、90年代全国年均征地面积分别为111.7万亩和124.5万亩，[②] 而2003—2010年年均征地494.3万亩，2011—2015年年均征地达到690.7万亩，其中2011年、2012年的征地面积更是达到了853.1万亩和776.6万亩（图1）。[③] 二是征地冲突大面积爆发。据统计，因征地引起的群体性事件一度占全部农村群体性事件的65%

[①] 经2004年的宪法修正，"征收"一词取代了之前法律法规中所用的"征用"。本书所用的"征用"和"征地"都是现在意义上的"征收"。

[②] 陈锡文、赵阳、罗丹：《中国农村改革30年回顾与展望》，人民出版社2008年版，第192页。

[③] 根据历年由中华人民共和国国土资源部主编和出版的《中国国土资源年鉴》相关数据计算。

以上，①以征地纠纷为主的农村土地纠纷成了农民维权活动的焦点，以及影响农村社会稳定的首要问题。②作为应对，2004年中央建立集中处理信访突出问题及群体性事件联席会议机制时，专门设立了"农村土地征用专项工作小组"，各级政府也都组建了"农村土地征用问题专项工作小组"。③

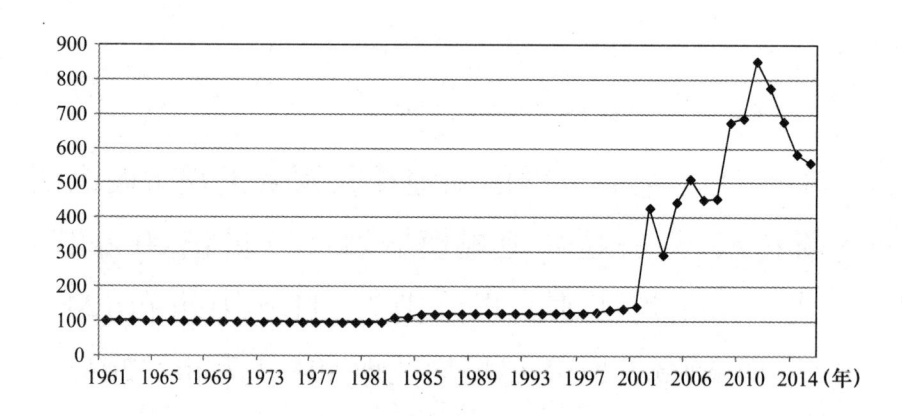

图1　历年全国征地面积（单位：万亩）

资料来源：1961—2001年的数据来自陈锡文、赵阳、罗丹《中国农村改革30年回顾与展望》，人民出版社2008年版，第192页；2003年起的数据来自《中国国土资源年鉴》。

为什么进入21世纪以后，征地领域会发生如此巨

---

① 程刚：《陈锡文：农村集体用地不能直接进入市场》，《中国青年报》2006年2月23日第7版。
② 于建嵘：《土地问题已成为农民维权抗争的焦点》，《调研世界》2005年第3期。
③ 王学军主编：《学习贯彻〈中共中央国务院关于进一步加强新时期信访工作的意见〉百题解读》，人民出版社2008年版，第31—32页。

大的变化？已有研究多从中国偏向经济内容的政绩考核，以及分税制改革后地方政府缓解财政困难的角度入手，从地方政府的工作重点在20世纪90年代中期以后，由经营企业转向了经营城市、由发展企业转移到以土地开发为主的城市化来讨论。① 这些研究却几乎都忽略了一个事实：这些因素最多只构成地方政府主观上的意愿——地方政府变得非常有动力来征用农地用于城市经营、发展经济，而忽略了其可行性。一些研究从可行性的角度指出土地使用制度改革深化、土地资本化、二元土地制度的缺陷，以及住房市场化改革在其中的作用，② 但也都忽视了一个关键的制度因素，即1998年《土地管理法》的修订对征地制度的重大改动。

对于1998年修订的《土地管理法》，主管部门认

---

① 周飞舟：《分税制十年：制度及其影响》，《中国社会科学》2006年第6期；周黎安：《转型中的地方政府》，格致出版社2009年版，第298页；陶然、陆曦、苏福兵、汪晖：《地区竞争格局演变下的中国转轨》，《经济研究》2009年第7期；曹正汉、史晋川：《中国地方政府应对市场化改革的策略》，《社会学研究》2009年第4期；孙秀林、周飞舟：《土地财政与分税制》，《中国社会科学》2013年第4期。

② 董再平：《地方政府"土地财政"的现状、成因和治理》，《理论导刊》2008年第12期；中国经济增长前沿课题组：《城市化、财政扩张与经济增长》，《经济研究》2011年第11期；刘守英：《以地谋发展模式的风险与改革》，《国际经济评论》2012年第2期；周飞舟：《大兴土木：土地财政与地方政府行为》，《经济社会体制比较》2010年第3期。

为，该法以保护农民土地财产权为核心，做出了多项创新性规定，包括"赋予被征地的农村集体经济组织和农民征地过程中的知情权和监督权"①，征地条款"提高了征用土地补偿费的标准，并对征地的程序、征地补偿费用收支做出了规定，加强了对农村集体经济组织和农民利益的保护"②。类似观点广为流传，大量研究认为，新《土地管理法》以保护农民的土地财产权为宗旨，该法的修订是中国征地立法的一个重大进展，增强了地权的安全性，有利于保护农民的权利。③但是，如果该法确实是以保护农民土地财产权为核心的，那么怎么可能会出现21世纪以来征地领域的一系列新情况、新现象？这也是为什么荷兰学者刘本（Benjamin van Rooij）会提出"中国征地冲突之谜"的原因。他问道，既然"《土地管理法》和《农村土地承包法》的立法和实施取得了进步，征地冲突怎么可

---

① 甘藏春：《重温〈土地管理法〉的全面修订》，《中国法律》2011年第6期。

② 卞耀武、李元主编：《中华人民共和国土地管理法释义》，法律出版社1998年版，第9页。

③ 张昭仁等编著：《土地科学与土地管理概论》，浙江大学出版社2011年版，第143页；Peter Ho, *Institutions in Transition: Land Ownership, Property Rights, and Social Conflict in China*, Oxford: Oxford University Press, 2005, p. 50; Klaus Deininger and Jin Songqing, "Securing Property Rights in Transition: Lessons from Implementation of China's Rural Land Contracting Law", *Journal of Economic Behavior & Organization*, Vol. 70, No. 1 - 2, 2009, pp. 22 - 38.

能会继续（甚至恶化）"？①

1999年开始实施的新《土地管理法》确实是比较晚近才修订通过的，但仅从立法的先后顺序，或者突出该法中的个别条款，就断定其在保障地权上取得了进展，可能会过于武断。主管部门称，该法赋予农村集体经济组织和农民征地过程中的知情权和监督权。与之相对应的问题是，有多少原来属于农村集体经济组织和农民的权利被取消了，又新增了多少不利于他们的规定？总之，立法是否取得进展，要与历史上的规定进行完整、具体的比较，才可以做出判断。民国著名地政学者万国鼎曾指出，学术研究、实际问题的解决中，"学理之研究，现实之调查，历史之探讨，均为不可或缺之准备。……吾侪生中国，亟待解决者中国土地问题，先民经验，尤不可忽。而欲明现状之造因，亦必追溯已往"②。落实到征地问题上，到底是什么造成了21世纪以来征地领域的一系列问题？与之前相比，1998年修订的《土地管理法》是否取得了进展？如果真的取得了进展，为何1998年《土地管理法》刚修订完，就又开始部署征地制度改革？为什么作为焦点问题，过去了20年，征地制度改革仍无法迈

---

① Benjamin van Rooij, "The Return of the Landlord: Chinese Land Acquisition Conflicts as Illustrated by Peri-Urban Kunming", *Journal of Legal Pluralism and Unofficial Law*, Vol. 39, No. 55, 2007, pp. 211–245.

② 万国鼎：《中国田制史》，正中书局1934年版，第1页。

出实质性的步伐？另外，1999年之前近半个世纪的征地立法和实践中有无今天可以借鉴的经验？对于这一系列问题，需要深入回顾历史，才可能做出回答。

为此，这一章收集历次主要征地法律法规制定过程中的文本，包括各种送审稿、草案、汇报、说明、会议记录等，以及立法参与者发表的论文和回忆性文字等，辅之以笔者对立法关键人物的访谈记录，深入征地政策和法规的制定过程，来回顾1949年以来征地制度的历史演进过程，从几次重大变革的"变"与"不变"中，解读征地制度变迁的来龙去脉。

一 《国家建设征用土地办法》：从1953年到1958年

1949年10月中华人民共和国成立后，政务院制定了《铁路留用土地办法》《城市郊区土地改革条例》等，对相关事项中的征地事宜做了规定，还曾发布内部执行的两个征地办法草案——《征用农村土地暂行办法（草案）》和《使用城市郊区土地暂行办法（草案）》。1953年11月5日，政务院通过中华人民共和国历史上第一部全国性、专门性的征地法规——《中央人民政府政务院关于国家建设征用土地办法》。该办法经1957年10月18日国务院全体会议第五十八次会议修正、1958年1月6日全国人大常委会第九十次会议批准，由国务院重新公布施行《国家建设征用土地办法（修正）》。

在征地的代价上，1953年的国家建设征用土地办法出台前，当国家建设占用私有土地时，其地价皆由土地占用者和土地所有者双方商定，一般情况下地价要高出当地市场价格。[1] 在1953年、1958年的国家建设征用土地办法中，对于征地补偿费，以政府会同用地单位和被征用土地者的"评议商定""共同评定"为原则。不同的是，在1953年的《中央人民政府政务院关于国家建设征用土地办法》中，"一般土地以其最近三年至五年产量的总值为标准"[2]，1958年修订后的《国家建设征用土地办法（修正）》中，改为"以它最近二年至四年的定产量的总值为标准"[3]。对此，时任国务院副秘书长陶希晋在说明中指出，由于"农业合作化以后农民的生产、生活都有所提高，原来的标准，就显得有些过高"，"本着既照顾群众利益又节省国家开支的原则"而进行的调整。[4]

---

[1] 河北省地方志编纂委员会编：《河北省志·土地志》，方志出版社1997年版，第78页。

[2] 《中央人民政府政务院关于国家建设征用土地办法》（1953年12月5日）。

[3] 《国家建设征用土地办法（修正）》（1958年1月6日）。

[4] 陶希晋：《关于国家建设征用土地办法修正草案的说明》，《人民日报》1958年1月7日第3版。

在征地安置上，1953年的《中央人民政府政务院关于国家建设征用土地办法》规定："农民耕种的土地被征用后，当地人民政府必须负责协助解决其继续生产所需之土地或协助其转业，不得使其流离失所。用地单位亦应协同政府劳动部门和工会在条件许可的范围内，尽可能吸收其参加工作。"[1] 然而，1958年修订后的《国家建设征用土地办法（修正）》规定，"对因土地被征用而需要安置的农民，当地乡、镇或者县级人民委员会应该负责尽量就地在农业上予以安置；对在农业上确实无法安置的，当地县级以上人民委员会劳动、民政等部门应该会同用地单位设法就地在其他方面予以安置；对就地在农业上和在其他方面都无法安置的，可以组织移民"[2]，基本排除了农民转业的可能性。对此，陶希晋指出，这是由于"原办法对于就地在农业上安置强调不够，被征用土地的农民过多地要求转业，这同国家多动员人'下乡上山'的方针不相符合"，"修正草案针对着这些情况，首先强调在不影响生产、生活的原则下尽量就地在农业上安置"。[3]

---

[1] 《中央人民政府政务院关于国家建设征用土地办法》（1953年12月5日）。

[2] 《国家建设征用土地办法（修正）》（1958年1月6日）。

[3] 陶希晋：《关于国家建设征用土地办法修正草案的说明》，《人民日报》1958年1月7日第3版。

一致的是，1953年、1958年的两部国家建设征用土地办法都强调群众路线，规定其基本原则是，"既应根据国家建设的确实需要，保证国家建设所必需的土地，又应照顾当地人民的切身利益，必须对土地被征用者的生产和生活有妥善的安置"，要求如果一时无法安置，应该等待安置妥善后再行征用或另行择地征用；都规定了要做好解释、准备，强调要进行讨论、取得被征地者的同意和支持，"使群众在当前切身利益得到适当照顾的情况下，自觉地服从国家利益和人民的长远利益"[①]。陶希晋指出，"原办法第五条关于征用土地必须向群众进行解释的规定，几年来执行的经验证明很好，所以修正草案仍保留这规定。我们认为像处理征用土地这样直接关系到群众生产和生活的大事，必须认真贯彻群众路线，使群众在当前切身利益得到适当照顾的条件下，自觉地服从国家利益和人民的长远利益，才能做好。……坚决贯彻群众路线是保证做好土地征用工作的一个重要关键"[②]。中共中央还专门给各级党委发指示，提出"决不容许不取得多数群众的同意，采用强迫命令的办法，硬性地决定征用，迫令群众搬家，或者对于土地被征用者补偿安置办法不

[①]《中央人民政府政务院关于国家建设征用土地办法》(1953年12月5日)；《国家建设征用土地办法（修正）》(1958年1月6日)。

[②] 陶希晋：《关于国家建设征用土地办法修正草案的说明》，《人民日报》1958年1月7日第3版。

予履行"①。

二 20世纪80年代宪法修改和相关立法

1. 1982年宪法修改

1980年9月10日,根据中共中央的建议,五届全国人大三次会议通过了宪法修改委员会名单。1980年9月15日,宪法修改委员会第一次全体会议设立了宪法修改委员会秘书处。1981年2月1日,秘书处举行第十次会议,讨论总纲草稿时,宪法修改委员会副秘书长胡绳指出,"有些问题我们还拿不准,如关于土地的所有权问题、关于农村人民公社经济的一些问题、关于中外合资经营问题等"②。可见,当时对于是否在新宪法中新增关于土地所有权的规定,或者怎么规定土地所有权,"还拿不准"。到了1982年3月,秘书处讨论《宪法讨论稿(2月28日)》,才决定"在(宪法总纲的)经济制度一节中,需要增写关于全民所有和集体所有的土地"③。1982年年初召开的宪法修改委

---

① 中共中央:《为贯彻政务院〈关于国家建设征用土地办法〉给各级党委的指示》,中共中央文献研究室编《建国以来重要文献选编》第4册,中央文献出版社1993年版,第645—648页。
② 许崇德:《中华人民共和国宪法史》,福建人民出版社2003年版,第603页。
③ 同上书,第610页。

员会第二次会议确定，城市土地国有、农村土地集体所有、任何单位和个人不得买卖和租赁土地，加上为公共利益征地，构成了宪法修改草案讨论稿中土地条款的基本内容。① 这与后来的宪法修改草案、最后通过的宪法文本基本一致，只有文字上的些许差别。但是，在修改草案讨论稿到修改草案的形成过程中，有较为激烈的争论。

当时，征地在一些地方遇到了阻力，报纸上有农民敲国家建设竹杠的报道。对于修改草案讨论稿中关于城市土地属于国家所有、其他土地属于国家或集体所有的规定，一些委员认为，农村土地应收归国有，不然国家征地会遇到土地所有者的漫天要价，妨碍经济和国防建设。另一种意见认为，农民为打土豪、分田地进行了长期艰苦的斗争，突然宣布"土地国有"会在农民心理上产生不良的影响，且农村土地收归国有没有实际意义，因为土地还得由农民去耕种、使用。对于这些意见，1982年4月12日，胡乔木代表秘书处解释说，规定农村土地国有会引起很大震动，国家除了动荡将得不到任何东西，而且即使宪法规定农村土地国有，将来国家征地也要给农民报酬，农民要价过

---

① 许崇德：《中华人民共和国宪法史》，福建人民出版社2003年版，第619页。

高的问题可以通过国家规定统一的征用办法解决。①

1982年4月14日,胡子婴在讨论中说,油田、铁矿中的土地纠纷很大,产生工农之间的矛盾,国家是要开发的,应规定土地为国家所有。1982年4月15日讨论时,钱昌照认为如果现在规定了农村土地集体所有,将来就会扯皮,建议写明届时国有;荣毅仁提出赞同土地国有,认为所有制问题纠纷很大,阻挠了国家建设,还说应该原则上土地国有,例外是集体所有,而不应是建议稿中的原则上集体所有、法律规定的才是国有;彭真也赞成土地都归国有,但认为应采取渐进的方式,先把城市土地定为国有,郊区和农村的土地定为集体所有,震动小一些,先笼统点,作为过渡,征用问题可以用国务院搞的《土地征用条例》解决;杨尚昆也赞成维持原文,认为即使土地国有,征地、拆迁中的扯皮也解决不了,宣布国有震动太大,逐步过渡较好,先通过《土地征用条例》以处理征地问题。②

由上可知,起初宪法修改草案的起草者对于土地所有权问题拿不准,后来拿出一个内容为城市土地国有、农村土地集体所有的讨论稿。对此讨论稿的争论集中在,是否要为了便于建设征地而将农村土地也规定为国有。

---

① 许崇德:《中华人民共和国宪法史》,福建人民出版社2003年版,第637—665页。
② 同上书,第679—682页。

几番争论后，委员们接受了讨论稿的条款，不再寻求将农村土地也规定为国有，却没有对该条款的具体内容进行仔细审议。① 笔者推测，这一修宪过程和结果，造成了从1982年以来至今30多年征地制度难以改进的困境。

2. 1982年出台《国家建设征用土地条例》

上文胡乔木说的"统一的征用办法"以及彭真和杨尚昆提到的《土地征用条例》，指的是《国家建设征用土地条例》。1982年修宪时，许多委员希望将农村土地由集体所有改为国有，未能达成一致后，《国家建设征用土地条例》便承担起了降低国家建设成本的重任。

1982年4月28日，国家建委副主任吕克白在五届全国人大常务会议第23次会议上作《关于〈国家建设征用土地条例（草案）〉的说明》，认为"建设用地出现了'自由议价'，甚至出现了变相买卖土地和出租土地的现象，给国家建设和工农关系带来了许多困难和一系列的问题，……许多建设单位因为满足不了社队或有关方面提出的征地条件，建设工期一拖再拖，影响了国

---

① 当年任宪法修改委员会会议秘书的郭道晖回忆道，"82宪法第一次列出一条（第十条）'城市的土地属于国家所有'。宪法修改委员会在讨论时，这一条没有为大家所注意，也未经公民的听证或者代表的认真审议，就忽略过去了"，而他当时也没注意到，"只简单地以为城市的交通、公园等公共用地当然属国家所有"。参见郭道晖《三十而立——82宪法回顾与展望》，2012年2月28日，腾讯网，http://view.news.qq.com/a/20120228/000017_2.htm，2014年7月22日。

家建设"，因此《国家建设征用土地条例（草案）》强调"农村社队和农民在按规定得到合理的补偿、安置后，有义务积极支援国家建设"，"土地补偿费和安置补助费标准均留有较大的幅度。……各省、自治区、直辖市必须结合本地区的实际情况，在上述标准范围内，制定具体的标准，不留或少留幅度。……标准要明确具体，以免造成就高不就低、讨价还价的状况"；关于安置问题，他提出"就地就近安置是最基本的方面"，"各地对征地后出现的农业剩余劳动力，应千方百计，通过发展农业生产和多种经营的方式，予以安置。只有在这样做之后确实还安置不完的，报经省、自治区、直辖市人民政府批准后，才能安排到集体所有制单位就业，并相应扣除安置补助费。至于转为非农业户口或城镇户口，更应从严掌握"。①

按照这一精神，1982年5月国务院公布施行《国家建设征用土地条例》。在强制性方面，《国家建设征用土地条例》废除了1953年、1958年国家建设征用土地办法中对被征地者进行解释的条款，规定"被征地社队的干部和群众应当服从国家需要，不得妨碍和阻挠"。在补偿方面，规定"征用耕地（包括菜地）的补偿标准，为该耕地年产值的三至六倍，年产值按被征用前三年的平均

---

① 吕克白：《关于〈国家建设征用土地条例（草案）〉的说明》，《中华人民共和国国务院公报》1982年第10期。

年产量和国家规定的价格计算","征用无收益的土地,不予补偿","土地补偿费和安置补助费的总和不得超过被征土地年产值的二十倍"。在安置方面,规定因征地造成的农业剩余劳动力,要通过发展农业生产、社队工副业生产、迁队或并队安置,"按照上述途径确实安置不完的剩余劳动力",符合条件的可以安排就业、招工和转户口。在征地程序上,《国家建设征用土地条例》规定用地单位必须与被征地单位协商征地的数量和补偿、安置的方案,签订初步协议,用地面积的核定需要"在土地管理机关主持下,由用地单位与被征地单位签订协议"。①

3.1986年制定《土地管理法》

1986年,中央提出"要抓紧制订《中华人民共和国土地法》"。② 在当年全国人民代表大会常务委员会第16次会议上,由于该法"主要是加强土地管理,解决乱占耕地、滥用土地的问题,关于国土规划、国土整治、国土开发等问题,由于实践经验不够,草案未作规定",改称《土地管理法》。③ 在制定过程中,《土

---

① 《国家建设征用土地条例》(1982年5月4日)。
② 中共中央、国务院:《关于加强土地管理、制止乱占耕地的通知》,马克伟主编《中国改革全书(1978—1991)·土地制度改革卷》,大连出版社1992年版,第142—144页。
③ 宋汝棼:《参加立法工作琐记》,中国法制出版社1994年版,第126—129页。

地法（草案）》"明确规定集体所有制土地为乡镇公有"①。当时担任全国人大法律委员会副主任委员的宋汝棼指出，"（《土地法》）草案第九条规定：'全民所有制土地，归国家所有，由县级以上人民政府行使土地所有权。劳动群众所有制土地，为乡镇公有。'许多常委委员和19个省、自治区、直辖市不同意上述规定。他们认为，农村集体所有土地改为乡镇所有，可能在农村中引起波动。有的提出，改为乡镇所有，等于宣布国有，对农民震动太大，农民还是把土地当作命根子，这样改，接受不了。……这是个事关我国农村生产关系的大问题。经过反复研究，与有关部门磋商，才产生了土地管理法的第八条：'集体所有的土地依照法律属于村农民集体所有……'"②。

可见，类似1982年修宪时不少宪法修改委员会的委员要把农村土地也规定为国有的情形，《土地法（草案）》的起草者希望用"劳动群众所有制土地，为乡镇公有"的表述，将农村土地变为实质上的国家所有，但由于许多常委委员和19个省、自治区、直辖市担心这样的规定对农民震动太大，可能在农村引起波

---

① 相重扬：《关于〈中华人民共和国土地法（草案）〉的说明》，国务院经济法规研究中心办公室、中国经济法研究会秘书处编《最新经济法规（第五辑）》，机械工业出版社1987年版，第61—65页。

② 宋汝棼：《参加立法工作琐记》，中国法制出版社1994年版，第120—125页。

动，提出了反对意见，最终通过的《土地管理法》规定农村和城市郊区的土地属于集体所有。《土地管理法》是在原《国家建设征用土地条例》和《村镇建房用地管理条例》基础上制定的，其中有关征地的规定也基本上与1982年的《国家建设征用土地条例》相同。[①]

三 20世纪90年代以来的变化

1. 1994年"继续实行低价征用土地的办法"

1994年3月25日，国务院第16次常务会议审议通过了《九十年代国家产业政策纲要》和《中国21世纪议程——中国21世纪人口、环境与发展白皮书》。这两个在同一天通过的重要文件，不约而同地提出了实行低价征用土地的办法。作为20世纪90年代制定各项产业政策的指导和依据，《九十年代国家产业政策纲要》规定，"为了加快基础设施建设和基础工业的发展，国家将主要采取以下政策：……对基础设施和基础工业继续实行低价征用土地的办法"[②]。作为指导

[①] 孙佑海等编著：《中华人民共和国土地管理法讲话》，中国政法大学出版社1998年版，第4页；李元主编：《新土地管理法学习读本》，中国大地出版社1998年版，第5页。

[②] 中共中央文献研究室编：《十四大以来重要文献选编》（上），人民出版社1996年版，第752—761页。

国民经济和社会发展中长期发展战略的纲领性文件，《中国21世纪议程》提出，"交通、通信建设的规划、设计同土地使用规划结合起来，注意节约土地资源，在此前提下，对交通、通信建设用地，实行低价征用办法"①。

在各部门、各地方的产业政策和实施《中国21世纪议程》的行动计划中，这种政策得到充分体现。它们除了有动力全力贯彻中央在两大国策中规定的，在基础设施建设和基础工业（或交通、通信建设）领域"继续实行低价征用土地的办法"之外，还更加彻底地将其扩展到其他建设领域上去。例如，北京市发展计划委员会组织编写的《2001年北京经济社会发展调查与研究》，在有关"十五"期间北京第三产业发展的政策措施部分，提出"对基础设施和以信息为代表的高科技产业的建设用地实行低价征用的办法"②。

2. 20世纪90年代《土地管理法》的修订

1997年4月，中共中央国务院发出《关于进一步加强土地管理切实保护耕地的通知》；中央领导指示，要在一年内完成《土地管理法》修改。为此，国家土

---

① 国家计划委员会、国家科学技术委员会编：《中国21世纪议程》，中国环境科学出版社1994年版，第97页。

② 北京市发展计划委员会政策法规处编：《2001年北京经济社会发展调查与研究》，人口出版社2001年版，第105页。

地管理局于1997年5月专门成立《土地管理法》修改小组。1997年8月，国家土地管理局向国务院提交了《关于报送〈中华人民共和国土地管理法（修订草案）〉（送审稿）的报告》（以下简称《送审稿》）。①

该报告明确指出，"现行土地征用制度是在高度集中的计划经济体制时期形成的，当时对于保证国家建设起到了积极作用。随着社会主义市场经济的发展，这种制度的弊病就日益呈现。一是投资主体多元化，单一国家投资的建设项目越来越少，所有建设项目再沿用国家建设征用土地的做法，易形成大量非国家建设动用国家征地权，造成大量土地闲置浪费和撂荒，不利于控制建设用地规模和保护耕地，也不利于保护农民利益。国际上通行的做法是，土地征用权属于政府的特权，征地严格限定在公共利益需要范围，不允许滥用征地权。……为此，这次修改《土地管理法》应当对土地征用制度作重大改革。一是界定土地征用范围，将征地限定在社会公共利益范围内。社会公共利益用地主要包括国家机关用地、军事用地、基础设施用地、公益事业用地等。……三是改革现行的征地补偿安置方式。现行《土地管理法》按照被征用土地

---

① 国家土地管理局：《关于报送〈中华人民共和国土地管理法（修订草案）〉（送审稿）的报告》（国土〔法〕字第114号），1997年8月18日。

的农作物年产值计算补偿标准的办法已远远不符合现实情况。征地补偿标准的时效性较强，而且采用什么方法来确定补偿标准，还需要在实践中摸索，修订草案没有定死，可由国务院做出具体规定"①。据此，《送审稿》第40条规定，"国家为了下列公共利益的需要，可以对农民集体所有的土地实行征用：（一）国家机关用地和军事用地；（二）城市基础设施用地和公共事业用地；（三）能源、交通、水利等基础设施用地；（四）法律、法规规定的其他用地"②。

但是，上述意见遭到了"产业部门的反对"③。随后，《送审稿》上报国务院后，1997年12月国务院常务会议第一次审议《土地管理法》时，"国务院领导认为草案不行，须重新修改，没有通过"④。反对的理由可能是会加大建设难度、提高建设成本，也可能是缺乏实践经验。当时担任国家土地管理局政法司司长、《土地管理法》修改小组副组长的甘藏春先生后来写道："关键是要做好自己的基础工作。有一句话说'战场上得不到的东西，永远不要指望谈判桌上得到'。例如关于土地征用

---

① 国家土地管理局：《关于报送〈中华人民共和国土地管理法（修订草案）〉（送审稿）的报告》（国土〔法〕字第114号），1997年8月18日。

② 同上。

③ 对《土地管理法》修改小组官员的访谈（2010年4月20日）。

④ 甘藏春：《中国社会转型与土地管理制度改革》，中国发展出版社2014年版，第103页。

问题，按产值来补偿实际上是计划经济的产物，当时我们曾经提出遵循国际惯例，改用按地价来补偿，但是我们没有实践经验。又如征用中可以给农民集体所有的土地发债券，可以入股，同样是缺乏实践。许多想法是对的，但没有实践，因此在很多问题上留下了遗憾。"[1]

其结果是，《送审稿》上报国务院后，经征求意见、修改、审议，推出的《中华人民共和国土地管理法（修订草案）》完全推翻了《送审稿》中有关征地范围和补偿原则的内容：删除了《送审稿》以罗列方式做出的对征地范围的限定，只模糊地规定"国家为公共利益的需要，可以依法对农民集体所有的土地实行征用"；仍规定征用耕地的补偿费和安置补助费按年产值的倍数计算。[2]

表1　　　　　1997—1998年土地管理法的修订经过和结果

时期	阶段	意见方	主要意见	结果
1997年8月	《中华人民共和国土地管理法（修订草案）》（送审稿）	国家土地管理局	①界定土地征用范围，将征地限定在社会公共利益范围内；②修改远不符合现实情况的按照农作物年产值计算补偿标准的办法	遭到产业部门的反对

---

[1] 甘藏春：《中国社会转型与土地管理制度改革》，中国发展出版社2014年版，第112页。
[2]《中华人民共和国土地管理法（修订草案）》，《中华人民共和国全国人民代表大会常务委员会公报》1998年第2期。

续表

时期	阶段	意见方	主要意见	结果
1998年1月	《中华人民共和国土地管理法（修订草案）》	全国人大、国务院	①仅规定"国家为公共利益的需要，可以依法对农民集体所有的土地实行征用"；②因袭旧法，规定征用耕地的补偿费和安置补助费按该耕地被征用前三年平均年产值的倍数计算	1998年8月24日通过
1998年4月	分组审议草案	全国人大常委会常委	"补偿方法和原则应当修改"	未得到采纳
1998年4—8月	全民讨论	全国各界人士	①征用土地应当严格限定在公共利益范围内，对非因公共利益需要和不符合法律程序征用集体土地的，农村集体经济组织和农民应当有权拒绝。②征地补偿标准偏低，提高补偿标准……	未得到采纳
1998年8月	《土地管理法》修订通过	九届全国人大四次会议	①仅规定"国家为公共利益的需要，可以依法对农民集体所有的土地实行征用"；②因袭旧法，规定征用耕地的补偿费和安置补助费按该耕地被征用前三年平均年产值的倍数计算	1999年1月1日起实施
1998年11月	《中华人民共和国土地管理法释义》出版	全国人大常委会法工委、国土资源部	"按目前的规定征用土地情况可分为两类，一类是城市建设需要占用农民集体所有的土地，另一类是城市外能源、交通、水利、矿山、军事设施等项目建设占用集体土地的，国家将要为其办理征用土地手续"	日常实施
1998年12月	《中华人民共和国土地管理法实施条例》通过	国务院第12次常务会议	"征地补偿、安置争议不影响征用土地方案的实施"	1999年1月1日起实施

资料来源：笔者收集整理。

对于这个不限定征地范围、仍以年产值计算补偿费的修订草案，九届全国人大常委会二次会议分组审议时，常委们提出了"补偿方法和原则应当修改"的意见。① 对于修订草案中的征地条款，各界人士（包括铁道部、交通部、农业部等中央各部门，民革中央、中国土地学会等群众团体，四川、新疆、黑龙江、福建、青海、山西、上海等各地方，中国社会科学院、中国人民大学、中国农业大学等院所的学者，以及基层人大、政府、司法机关、土地管理部门、干部群众、农村集体经济组织和村民）通过各种渠道向全国人大法律委员会提出了大量建议。国家土地管理局政法监察司、全国人大常委会法工委经济法室对所有意见和建议分别进行的综述，都指出"土地征用问题是这次全民讨论的热点问题"，而征地范围、补偿方法是讨论焦点。② 但是，所有这些关于限定征地范围、界定公共利益、修正补偿计算方法的意见，都没有得到全国人大法律委员会的重视和采纳，没有列入"一些主要问题"中，也不视为"关于征地问题主要意见"③。最终，《中华人民共和国土地管理法（修订草案）》由九

---

① 李元主编：《新土地管理法学习读本》，中国大地出版社1998年版，第21—22页。
② 国家土地管理局政法监察司：《〈中华人民共和国土地管理法（修订草案）〉全民讨论及审议情况综述》，《中国土地》1998年第8期；何永坚、杨合庆：《全民讨论土地管理法（修订草案）的主要意见和建议》，《人大工作通讯》1998年第8期。
③ 李伯勇：《全国人大法律委员会关于〈中华人民共和国土地管理法（修订草案）〉初步审议情况的汇报》，《全国人民代表大会常务委员会公报》1998年第4期。

届全国人大四次会议通过。

从上述修法过程可以看出，国家土地管理局在起草《送审稿》时，希望通过限定征地范围和改变传统的补偿办法，以改进原有的征地制度，但由于遭到了产业部门的反对等原因，未能写进最终通过的新法中。非但如此，新法还去掉了旧法中一些有利于保护被征地者的条款，增设了一些不利于被征地者的条款，使征地制度发生了转折。这个转折至少包括以下三个方面。

第一，在征地范围上，明确扩大了征地的合法范围。新土地管理法不仅没有对公共利益进行界定，而且放弃了公共利益的抽象意涵。新土地管理法规定"任何单位和个人进行建设，需要使用土地的，必须依法申请使用国有土地"[1]。即除农村集体企业和村民经批准可使用本集体所有土地外，任何建设（不管是否出于公共利益）使用原属农村集体的土地时，都可以而且必须征地。更进一步地，新法通过后，全国人大常委会法制工作委员会和国土资源部主持编写的《中华人民共和国土地管理法释义》明确指出，"按目前的规定征用土地情况可分为两类，一类是城市建设需要占用农民集体所有的土地，另一类是城市外能源、

---

[1] 《中华人民共和国土地管理法（修订）》，1999 年 1 月 1 日起施行。

交通、水利、矿山、军事设施等项目建设占用集体土地的，国家将要为其办理征用土地手续"①。这意味着，在1998年修法前，由于公共利益未得到清晰界定，某项建设是否出于公共利益，本是可以讨论的，争议各方可以分别提出理由，主张该建设项目是或不是"为了公共利益"。但是，经过1998年修法，明确了凡城市建设需要占用农民集体所有的土地的，不需要再判定该项建设是否"为了公共利益"，就可以征地。

第二，在征地程序上，不再与被征地方商定征地方案、签署征地协议。在1953年和1958年的国家建设征用土地办法中，征地补偿费的确定都以政府会同用地单位和被征用土地者的"评议商定""共同评定"为原则。1982年的《国家建设征用土地条例》第七条规定，用地单位必须与被征地单位协商征地的数量和补偿、安置的方案，征地面积和补偿安置方案需要签订初步协议，最终征地也要签订协议。1991年的《中华人民共和国土地管理法实施条例》第十八条规定，政府土地管理部门要"组织建设单位与被征地单位以及有关单位依法商定征用土地的补偿、安置方案"②。

---

① 卞耀武、李元主编：《中华人民共和国土地管理法释义》，法律出版社1998年版，第138—139页。

② 《中华人民共和国土地管理法实施条例》（1991年1月4日）。

也就是说，在从20世纪50年代到1998年土地管理法修订前的征地制度中，被征地方参与商定补偿安置方案、征地双方签订协议的规定是一以贯之的。而1998年的修法删除了评议和协商的条款，征地面积、补偿安置方案等均由政府单方面确定，不再需要与被征地单位商定，也不再与农民签协议。[①] 如此一来，在实施征地前的最后一刻，被征地方才会看到一纸公告，公告上写明土地已经确定将被征收、补偿安置方案已经确定。

第三，在争议解决机制上，明确规定征地补偿安置争议不影响征地方案的实施。国务院常务会议1998年12月24日通过的《中华人民共和国土地管理法实施条例》第二十五条规定，"对补偿标准有争议的，由县级以上地方人民政府协调；协调不成的，由批准征用土地的人民政府裁决。征地补偿、安置争议不影响征用土地方案的实施"[②]。这意味着，政府在单方面确定征地方案之后，可以不管被征地的农村集体经济组织和农民对征地补偿、安置的方案有无意见、有何意见，在争议解决之前，就可以强制实施征地。

[①] 甘藏春：《〈土地管理法〉实施后的形势与任务》，《中外房地产导报》2000年第3期。

[②] 《中华人民共和国土地管理法实施条例》（1998年12月24日）。

第二章 1999年以来的征地制度改革进程

从上一章对20世纪90年代《土地管理法》修订过程的描述，可以看出，当时全国人大、国务院和国家土地主管部门对于征地制度的缺陷以及如何完善征地制度是清楚的，但最终未能实现征地制度的改善，还删去了旧法中一些有利于保护被征地者权利的条款，增设了一些不利于保护被征地者权利的条款，使征地制度发生了转折。正是因为如此，才会出现这样的怪现象：1998年8月29日修订通过《土地管理法》对征地制度做了大幅度调整，新的《土地管理法》从1999年1月1日开始实施，而征地制度改革在1999年又被提上了议事日程。

总体上，从1999年以来，中国对征地制度改革进行了一系列探索，但迄今为止，1998年修订后的《土地管理法》及其实施条例、释义，仍是目前征地领域的主要制度安排，酝酿了约15年的《农村集体土地征收补偿条例》也一直未能出台，征地制度改革进展缓慢。

一 中央和国务院的一些部署

1. 历年中央重要文件

2003年十六届三中全会《中共中央关于完善社会主义市场经济体制若干问题的决定》提出"按照保障农民权益、控制征地规模的原则，改革征地制度，完善征地程序。严格界定公益性和经营性建设用地，征地时必须符合土地利用总体规划和用途管制，及时给予农民合理补偿"①。

2005年《中共中央关于制定国民经济和社会发展第十一个五年规划的建议》提出"加快征地制度改革，健全对被征地农民的合理补偿机制"，"建立健全与城镇化健康发展相适应的财税、征地、行政管理和公共服务等制度"。② 2006年《中共中央关于构建社会主义和谐社会若干重大问题的决定》提出"从严控制征地规模，加快征地制度改革，提高补偿标准，探索

---

① 《中共中央关于完善社会主义市场经济体制若干问题的决定》，《人民日报》2003年10月22日第1版。
② 《中共中央关于制定国民经济和社会发展第十一个五年规划的建议》，《人民日报》2005年10月19日第1版。

确保农民现实利益和长期稳定收益的有效办法,解决好被征地农民的就业和社会保障","着力解决土地征收征用、城市建设拆迁……中群众反映强烈的问题"。①

2008年十七届三中全会《中共中央关于推进农村改革发展若干重大问题的决定》提出"改革征地制度,严格界定公益性和经营性建设用地,逐步缩小征地范围,完善征地补偿机制。依法征收农村集体土地,按照同地同价原则及时足额给农村集体组织和农民合理补偿,解决好被征地农民就业、住房、社会保障","做好被征地农民社会保障,做到先保后征,使被征地农民基本生活长期有保障"。② 2010年《中共中央关于制定国民经济和社会发展第十二个五年规划的建议》提出"按照节约用地、保障农民权益的要求推进征地制度改革"。③

2012年十八大报告提出"改革征地制度,提高农

---

① 《中共中央关于构建社会主义和谐社会若干重大问题的决定》,《人民日报》2006年10月19日第1版。

② 《中共中央关于推进农村改革发展若干重大问题的决定》,《人民日报》2008年10月20日第1版。

③ 《中共中央关于制定国民经济和社会发展第十二个五年规划的建议》,《人民日报》2010年10月28日第1版。2011年3月十一届全国人大四次会议批准的《中华人民共和国国民经济和社会发展第十二个五年规划纲要》要求"严格界定公益性和经营性建设用地,改革征地制度,缩小征地范围,提高征地补偿标准"。

民在土地增值收益中的分配比例"①。2013年十八届三中全会《中共中央关于全面深化改革若干重大问题的决定》要求"建立城乡统一的建设用地市场。在符合规划和用途管制前提下，允许农村集体经营性建设用地出让、租赁、入股，实行与国有土地同等入市、同权同价。缩小征地范围，规范征地程序，完善对被征地农民合理、规范、多元保障机制"，"建立兼顾国家、集体、个人的土地增值收益分配机制，合理提高个人收益"。②

2. 历年中央一号文件

1982—1986年，中共中央连续5年发出"一号文件"，对农业、农村的改革和发展问题做出部署。③"一号文件"自2004年恢复起，除了2011年专项布置加快水利改革发展工作外，每年都对征地工作进行了安排。④

---

① 《坚定不移沿着中国特色社会主义道路前进 为全面建成小康社会而奋斗》，《人民日报》2012年11月18日第1版。

② 《中共中央关于全面深化改革若干重大问题的决定》，《人民日报》2013年11月16日第1版。

③ 杜润生：《杜润生自述：中国农村体制改革重大决策纪实》，人民出版社2005年版，第135—146页。

④ 从2004年到2012年，除了2011年的《关于加快水利改革发展的决定》没有涉及征地外，其余年份的中央一号文件都对征地工作做出了部署。

2004年一号文件提出"加快土地征用制度改革""控制征地规模""要严格区分公益性用地和经营性用地，明确界定政府土地征用权和征用范围。完善土地征用程序和补偿机制，提高补偿标准，改进分配办法，妥善安置失地农民，并为他们提供社会保障。积极探索集体非农建设用地进入市场的途径和办法";[1] 2005年一号文件提出"加快推进农村土地征收、征用制度改革"[2]；2006年一号文件提出"推进征地、户籍等制度改革"，"加快征地制度改革步伐，按照缩小征地范围、完善补偿办法、拓展安置途径、规范征地程序的要求，进一步探索改革经验。完善对被征地农民的合理补偿机制，加强对被征地农民的就业培训，拓宽就业安置渠道，健全对被征地农民的社会保障"；[3] 2007年一号文件提出"加快征地制度改革"[4]；2008年一号文件提出"切实保障农民土地权益。继续推进征地制度改革试点，规范征地程序，提高补偿标准，健全对被征地农民的社会保障制度，建立征地纠纷调处裁决

---

[1]《中共中央国务院关于促进农民增加收入若干政策的意见》，《人民日报》2004年2月9日第1版。

[2]《中共中央国务院关于进一步加强农村工作提高农业综合生产能力若干政策的意见》，《人民日报》2005年1月31日第1版。

[3]《中共中央国务院关于推进社会主义新农村建设的若干意见》，《人民日报》2006年2月22日第1版。

[4]《中共中央国务院关于积极发展现代农业扎实推进社会主义新农村建设的若干意见》，《人民日报》2007年1月30日第1版。

机制。对未履行征地报批程序、征地补偿标准偏低、补偿不及时足额到位、社会保障不落实的，坚决不予报批用地。对违法违规占地批地的，坚决依法查处"①；2009年一号文件提出"妥善解决农村征地、环境污染、移民搬迁、集体资产处置等引发的突出矛盾和问题"②；2010年一号文件提出"落实和完善被征地农民社会保障政策"，"切实解决好农村征地、环境污染、移民安置、集体资产管理等方面损害农民利益的突出问题"③；2012年一号文件要求"加快修改土地管理法，完善农村集体土地征收有关条款，健全严格规范的农村土地管理制度"④。2013年一号文件要求"加快推进征地制度改革。依法征收农民集体所有土地，要提高农民在土地增值收益中的分配比例，确保被征地农民生活水平有提高、长远生计有保障。加快修订土地管理法，尽快出台农民集体所有土地征收补偿条例。完善征地补偿办法，合理确定补偿标准，严格征地程序，约束征地行为，补偿资金不落实的不得批准

---

① 《中共中央国务院关于切实加强农业基础建设进一步促进农业发展农民增收的若干意见》，《人民日报》2008年1月31日第1版。

② 《中共中央国务院关于2009年促进农业稳定发展农民持续增收的若干意见》，《人民日报》2009年2月2日第1版。

③ 《中共中央国务院关于加大统筹城乡发展力度进一步夯实农业农村发展基础的若干意见》，《人民日报》2010年2月1日第1版。

④ 《中共中央国务院印发〈关于加快推进农业科技创新持续增强农产品供给保障能力的若干意见〉》，《人民日报》2012年2月2日第1版。

和实施征地"①。

2014年要求"完善大中型水利工程建设征地补偿政策",部署"加快推进征地制度改革。缩小征地范围,规范征地程序,完善对被征地农民合理、规范、多元保障机制。抓紧修订有关法律法规,保障农民公平分享土地增值收益,改变对被征地农民的补偿办法,除补偿农民被征收的集体土地外,还必须对农民的住房、社保、就业培训给予合理保障。因地制宜采取留地安置、补偿等多种方式,确保被征地农民长期受益。提高森林植被恢复费征收标准。健全征地争议调处裁决机制,保障被征地农民的知情权、参与权、申诉权、监督权"。② 2015年指出"节水供水重大水利工程建设的征地补偿、耕地占补平衡实行与铁路等国家重大基础设施项目同等政策","分类实施农村土地征收、集体经营性建设用地入市、宅基地制度改革试点。制定缩小征地范围的办法。建立兼顾国家、集体、个人的土地增值收益分配机制,合理提高个人收益。完善对被征地农民合理、规范、多元保障机制"。③ 2016年要

---

① 《中共中央国务院关于加快发展现代农业进一步增强农村发展活力的若干意见》,《人民日报》2013年2月1日第1版。

② 《中共中央国务院印发〈关于全面深化农村改革加快推进农业现代化的若干意见〉》,《人民日报》2014年1月20日第1版。

③ 《中共中央国务院印发〈关于加大改革创新力度加快农业现代化建设的若干意见〉》,《人民日报》2015年2月2日第1版。

求"推进农村土地征收、集体经营性建设用地入市、宅基地制度改革试点。……总结农村集体经营性建设用地入市改革试点经验,适当提高农民集体和个人分享的增值收益,抓紧出台土地增值收益调节金征管办法","重点查处土地征收、涉农资金、扶贫开发、'三资'管理等领域虚报冒领、截留私分、贪污挪用等侵犯农民群众权益的问题"。[①] 2017年强调"统筹协调推进农村土地征收、集体经营性建设用地入市、宅基地制度改革试点"[②]。2018年也强调"严厉整治惠农补贴、集体资产管理、土地征收等领域侵害农民利益的不正之风和腐败问题",要求"深化农村土地制度改革。系统总结农村土地征收、集体经营性建设用地入市、宅基地制度改革试点经验,逐步扩大试点,加快土地管理法修改,完善农村土地利用管理政策体系"。[③]

3. 历年政府工作报告

从2003年起,征地中存在的问题、征地制度改革

[①] 《中共中央国务院关于落实发展新理念加快农业现代化实现全面小康目标的若干意见》,《人民日报》2016年1月28日第1版。

[②] 《中共中央国务院关于深入推进农业供给侧结构性改革加快培育农业农村发展新动能的若干意见》,《人民日报》2017年2月6日第1版。

[③] 《中共中央国务院关于实施乡村振兴战略的意见》,《人民日报》2018年2月5日第1版。

的内容写进了大多数年份的政府工作报告。

2003年朱镕基总理的《政府工作报告》中提出"严禁滥占乱征耕地"[①]。

2004年温家宝总理的《政府工作报告》提出"制止乱征滥占耕地","加快改革土地征收、征用制度,完善土地征收、征用程序和补偿机制""抓紧解决城镇房屋拆迁和农村土地征用中存在的问题。……在农村土地征用中,要严格控制征地规模,依法按规划和程序征地,及时给予农民合理补偿,切实保护农民合法权益";[②] 2005年指出"依法解决农村征地、城镇房屋拆迁和企业改制中损害群众利益的问题。拖欠农民的征地补偿费已基本偿还"[③];2006年指出"在土地征用、房屋拆迁、库区移民、企业改制、环境污染等方面,还存在一些违反法规和政策而损害群众利益的问题"[④];2007年指出"土地征收征用、房屋拆迁、企业改制、环境保护等方面损害群众利益的问题仍未能根本解决",应"完善大中型水库征地补偿和移民后期扶持政策",

---

[①] 朱镕基:《政府工作报告》,《人民日报》2003年3月20日第1版。

[②] 温家宝:《政府工作报告》,《人民日报》2004年3月17日第1版。

[③] 温家宝:《政府工作报告》,《人民日报》2005年3月15日第1版。

[④] 温家宝:《政府工作报告》,《人民日报》2006年3月16日第1版。

"推进征地制度、集体林权制度改革","坚决纠正土地征收征用、房屋拆迁、企业改制、环境保护中损害群众利益的行为";[1] 2008 年提出"努力解决土地征收征用、房屋拆迁、企业改制、环境保护等方面损害群众利益的问题","完善大中型水库征地补偿和移民后期扶持政策等";[2] 2009 年提出"农民工、被征地农民社会保障工作稳步推进","重点做好非公有制经济从业人员、农民工、被征地农民、灵活就业人员和自由职业者参保工作";[3] 2010 年提出"认真解决企业改制、征地拆迁、环境保护、劳动争议、涉法涉诉等领域损害群众利益的突出问题,保障人民群众的合法权益"[4];2011 年指出"违法征地拆迁等引发的社会矛盾增多"[5];2012 年指出"征地拆迁、安全生产、食品药品安全、收入分配等方面问题还很突出,群众反映强烈",部署"制定出台农村集体土地征收补偿条例";[6] 2013 年指出"加强耕地

---

[1] 温家宝:《政府工作报告》,《人民日报》2007 年 3 月 8 日第 1 版。
[2] 温家宝:《政府工作报告》,《人民日报》2008 年 3 月 20 日第 1 版。
[3] 温家宝:《政府工作报告》,《人民日报》2009 年 3 月 15 日第 1 版。
[4] 温家宝:《政府工作报告》,《人民日报》2010 年 3 月 16 日第 1 版。
[5] 温家宝:《政府工作报告》,《人民日报》2011 年 3 月 16 日第 1 版。
[6] 温家宝:《政府工作报告》,《人民日报》2012 年 3 月 6 日第 2 版。

保护，维护农民权益，为完善农村集体土地征收补偿制度做了大量准备工作"[1]。

2014年李克强总理的《政府工作报告》指出"住房、食品药品安全、医疗、养老、教育、收入分配、征地拆迁、社会治安等方面群众不满意的问题依然较多"[2]；2015年部署了"做好土地确权登记颁证工作，审慎开展农村土地征收、集体经营性建设用地入市、宅基地制度、集体产权制度等改革试点。在改革中，要确保耕地数量不减少、质量不下降、农民利益有保障"[3]。

二 国土资源部的两轮改革试点

1. 第一阶段试点：侧重征地补偿安置和征地程序

国土资源部1999年成立"征地制度改革研究"课题组，从事征地制度改革的前期理论研究和实地调研工作，提出征地制度改革的初步思路："针对现行征地制度不适应市场经济需要的问题，1999年开始组织专

---

[1] 温家宝：《政府工作报告》，《人民日报》2013年3月19日第1版。
[2] 李克强：《政府工作报告》，《人民日报》2014年3月15日第1版。
[3] 李克强：《政府工作报告》，《人民日报》2015年3月17日第1版。

门力量着手研究征地制度改革问题，拟定了征地制度改革试点总体方案，启动改革试点工作。"①

结合部分地区征地工作实践中的创新探索，2001年8月，国土资源部在广东省佛山市召开"征地制度改革试点工作座谈会"，提交《征地制度改革试点总体方案（征求意见稿）》，启动了上海青浦、江苏南京和苏州、浙江嘉兴和温州、福建福州和厦门以及广东佛山和顺德这9个市的征地制度改革试点工作。

2002年2月，中央财经领导小组办公室从贯彻保护耕地基本国策、解决好失地农民长远生计、保证社会长治久安的考虑出发，提出将研究征地存在的问题，完善土地征用制度作为重点调研课题，与国土资源部共同开展调研工作。国土资源部党组也将"征地制度改革研究"列为部重点调研课题。国土资源部耕地保护司、规划院根据中财办的调研要求，起草调研方案，于2002年4月2日召开由16个省市参加的座谈会，正式布置了调研工作。经过调研，中央财经领导小组办公室"完善土地征用制度"调研组完成了总调研报告和4个专题报告，国土资源部"征地制度改革研究"课题组完成了总课题报告和8个专题报告，16个省市

---

① 国土资源部2002年重点调研征地制度改革课题组：《征地制度改革研究课题总报告》，鹿心社主编《研究征地问题 探索改革之路（二）》，中国大地出版社2003年版，第25—57页。

形成各类调研报告58份,解剖典型案例32个。2002年10月,国土资源部与中央财经领导小组办公室在北京通州联合召开"完善征地制度调研暨改革试点工作座谈会",对前期形成的调研成果进行论证、听取意见,同时交流第一批改革试点地区的试点经验,启动了第二批包括北京通州、河北石家庄、辽宁沈阳、黑龙江绥化、安徽马鞍山、河南洛阳和新乡、广东广州、广西南宁以及四川成都这10个市(区)的征地制度改革试点工作。

综上,从2001年开始,全国先后两批12个省(市、区)的19个市(区)启动了征地制度改革试点工作。这一阶段试点改革的特点是自下而上的探索与自上而下的改革相结合,国土资源部通过跟踪调研、总结地方所创造的、取得较好成效的实践,试图将地方经验转化为政策文件,自上而下地推动改革。由于这一时期国土资源部把"改革征地制度与集体建设用地进入市场作为两个课题,加上有关领导对集体土地入市的态度发生变化,所以征地制度改革试点,基本不涉及缩小征地范围的内容"[①],试点内容主要集中在征地补偿安置和征地程序上。这一系列试点在两年后结束。

[①] 黄小虎:《征地制度改革问题研究》,清华大学中国农村研究院研究课题(CIRS2012-3-3)报告,2013年。

2. 第二阶段试点：开始触及缩小征地范围

2010年，国土资源部启动新一轮征地制度改革试点。2011年6月和8月，国土资源部先后批复了天津、成都、武汉、长沙、重庆、西安、沈阳、杭州、佛山、南宁及唐山这11个城市开展征地制度改革试点工作。按照国土资源部对征地制度改革试点城市呈报方案的批复内容，此次部署的征地制度改革内容主要集中在探索缩小征地范围、完善征地补偿、改进征地程序等方面。具体试点地区及试点内容为：天津、沈阳、武汉、长沙、重庆、成都主要开展区分公益性和非公益性用地、缩小征地范围的试点；沈阳、武汉、长沙、重庆、杭州、佛山、南宁、唐山主要开展完善征地补偿安置机制的试点；天津、成都开展改进农用地转用与土地征收审批方式的试点。

各试点城市根据国土资源部批复函的要求，陆续推进相关试点工作。（1）区分公益性和非公益性用地，缩小征地范围方面：初步探索出如何确定缩小征地范围项目用地的公益性或非公益性；项目用地单位与集体经济组织用地协议方式和内容；项目用地办理程序、土地收益分配以及退出机制等方面的规定。（2）完善征地补偿安置机制方面：在实行征地统一年产值标准和区片综合地价的基础上，研究如何动态调整提高征地补偿标准；会同社保部门，逐步完善被征地社会保障制度；对征地拆迁和征地补偿安置进行有益探索。如武汉市在"城中村"改造中，根据各村拥有土地的状况和城市规划的要求，由村集体经济组织实施改造、以项目开发方式实施改造或以统征储备方式实施改造；南宁市推行城区政府房屋和征地拆迁办公室负责包干征地机制等。（3）改进农用地转用与土地征收审批方式方面：实现了同一区域内征地拆迁标准的一致性；被征地区域群众享受城镇居民相关待遇；为重点项目落地争取了时间，提高了农用地征收指标配置、使用效率以及用地审批效率。（4）加大被征地农民社会保障力度方面：落实被征地农民的社会保障，推进被征地农民社会保障与城镇职工基本养老保险体系的接轨。

  这一阶段的试点虽然开始触及征地范围这一征地制度的实质，但"未取得成效"。甘藏春指出，"经批准进行缩小征地范围试点的城市，基本上未对缩小征地范围进行尝试探索"，"可以认为，本轮以缩小征地范围为主要目的的征地制度改革探索，未得到试点城市的支持和认同。也可以认为，城市政府及土地管理部门，对缩小征地范围基本没有积极性"。[①]

[①] 甘藏春：《中国社会转型与土地管理制度改革》，中国发展出版社 2014 年版，第 239—240 页。类似的观点还可见唐健《征地制度改革的回顾与思考》，《中国土地科学》2011 年第 11 期，第 3—7 页。

三 征地领域的一些具体进展

1. 2004 年宪法修正：明确"给予补偿"

2004 年 3 月 14 日，第十届全国人民代表大会第二次会议通过《中华人民共和国宪法修正案》，将宪法第十条第三款"国家为了公共利益的需要，可以依照法律规定对土地实行征用"修改为"国家为了公共利益的需要，可以依照法律规定对土地实行征收或者征用并给予补偿"。同年 8 月，《土地管理法》做了适宪性修改，将《土地管理法》第二条第四款"国家为公共利益的需要，可以依法对集体所有的土地实行征用"修改为"国家为了公共利益的需要，可以依法对土地实行征收或者征用并给予补偿"。

2. 2007 年《物权法》：规定"安排被征地农民的社会保障费用"

《物权法》制定时，中国社会科学院物权法课题组和中国人民大学课题组分别完成草案建议稿，提供全国人大，由法工委产生物权法草案征求意见。[①] 中国社会科学院的建议稿界定了公共利益，中国人民大学课

---

① 梁慧星：《〈物权法〉草案评介》，《经济参考报》2003 年 11 月 19 日第 8 版。

题组未界定公共利益。① 2005年7月公布的《物权法（草案）》没有采纳中国社会科学院物权法课题组关于界定公共利益的建议。对此，全国人大法律委员会指出，"关于'公共利益'的界定问题。草案四次审议稿第四十八条规定：'为了公共利益的需要，县级以上人民政府依照法律规定的权限和程序，可以征收农村集体所有的土地和城市房屋及其他不动产。'有的认为，有些地方政府滥用征收权力、侵害农民权益的问题时有发生，应明确界定'公共利益'的范围。有的认为，现实生活中因征收土地侵害群众利益，主要还不是对'公共利益'的界定不清，而是补偿标准过低、补偿不到位。法律委员会反复研究认为，在不同领域内，在不同情形下，公共利益是不同的，情况相当复杂。而且，征收属于公权力的行使。物权法作为民事法律，不宜也难以对各种公共利益做出统一规定。在物权法草案立法论证会上，多数专家也认为物权法难以对'公共利益'做出具体规定。因此，法律委员会建议物权法对'公共利益'不作具体界定，以由有关单行法律作规定为宜"。②

---

① 中国物权研究课题组：《中国物权法草案建议稿》，社会科学文献出版社2001年版，第191—192页；王利明主编：《中国物权法草案建议稿及说明》，中国法制出版社2001年版，第17、26页。

② 全国人大法律委员会：《关于〈中华人民共和国物权法（草案）〉修改情况的汇报》（2006年8月22日），郭明瑞主编《中华人民共和国物权法释义》，中国法制出版社2007年版，第513—520页。

2006年10月27日，全国人大法律委员会指出，"有些常委委员提出，应明确界定公共利益的范围，以限制有的地方政府滥用征收权力，侵害群众利益。关于这个问题，法律委员会经同国务院法制办、国土资源部等部门反复研究，一致认为：在不同领域内，在不同情形下，公共利益是不同的，情况相当复杂，物权法难以对公共利益做出统一的具体界定。法律委员会、法制工作委员会曾提出过一个原则性的修改方案，将'为了公共利益的需要'修改为'为了发展公益事业、维护国家安全等公共利益的需要'。对这个修改方案，有关部门和专家认为仍然没有解决问题。法律委员会经研究认为，这个问题仍以维持草案五次审议稿的规定为妥，公共利益的具体界定还是分别由有关法律规定较为切合实际"[①]。

最终，2007年通过的《物权法》第四十二条规定"为了公共利益的需要，依照法律规定的权限和程序可以征收集体所有的土地和单位、个人的房屋及其他不动产"，未对"公共利益"进行界定，未对补偿计算方法做出调整，没有迈出改革现有征地制度的实质性步伐。

---

① 全国人大法律委员会：《关于〈中华人民共和国物权法（草案）〉修改情况的汇报》（2006年10月27日），郭明瑞主编《中华人民共和国物权法释义》，中国法制出版社2007年版，第521—535页。

《物权法》第四十二条还规定"征收集体所有的土地,应当依法足额支付土地补偿费、安置补助费、地上附着物和青苗的补偿费等费用,安排被征地农民的社会保障费用,保障被征地农民的生活,维护被征地农民的合法权益。征收单位、个人的房屋及其他不动产,应当依法给予拆迁补偿,维护被征收人的合法权益;征收个人住宅的,还应当保障被征收人的居住条件。任何单位和个人不得贪污、挪用、私分、截留、拖欠征收补偿费等费用"。这在《土地管理法》中土地补偿费、安置补助费、地上附着物和青苗的补偿费的基础上,规定了"安排被征地农民的社会保障费用"。

3. 国务院的两个重要文件

2004年国务院发出《关于深化改革严格土地管理的决定》(国发〔2004〕28号);2006年又发出《关于加强土地调控有关问题的通知》(国发〔2006〕31号)。两个文件对现行征地制度做出了一系列改进。对此,黄小虎(2013)指出,"在不到2年的时间内,国务院连发两个文件,专门就包括征地制度改革在内的土地管理工作做出部署,是前所未有的"[1]。

---

[1] 黄小虎:《征地制度改革问题研究》,清华大学中国农村研究院研究课题(CIRS2012-3-3)报告,2013年。

(1) 2004年28号文

2004年10月21日,国务院《关于深化改革严格土地管理的决定》(以下简称《决定》)(国发〔2004〕28号)提出了完善征地补偿和安置制度的一系列意见。该《决定》的亮点在于确立了使被征地农民生活水平不因征地而降低、长远生计有保障的原则,要求制定并公布各市县征地的统一年产值标准或区片综合地价、征地补偿做到同地同价、国家重点建设项目必须将征地费用足额列入概算,明确土地补偿费主要用于被征地农户的原则,健全征地程序,加强对征地实施过程监管,并提出"在符合规划的前提下,村庄、集镇、建制镇中的农民集体所有建设用地使用权可以依法流转"。具体内容包括:

第一,完善征地补偿办法。县级以上地方人民政府要采取切实措施,使被征地农民生活水平不因征地而降低。要保证依法足额和及时支付土地补偿费、安置补助费以及地上附着物和青苗补偿费。依照现行法律规定支付土地补偿费和安置补助费,尚不能使被征地农民保持原有生活水平的,不足以支付因征地而导致无地农民社会保障费用的,省、自治区、直辖市人民政府应当批准增加安置补助费。土地补偿费和安置补助费的总和达到法定上限,尚不足以使被征地农民保持原有生活水平的,当地人民政府可以用国有土地有偿使用收入予以补贴。省、自治区、直辖市人民政府要制定并公布各市县征地的统一年产值标准或区片综合地价，征地补偿做到同地同价，国家重点建设项目必须将征地费用足额列入概算。

第二，妥善安置被征地农民。县级以上地方人民政府应当制定具体办法，使被征地农民的长远生计有保障。对有稳定收益的项目，农民可以经依法批准的建设用地土地使用权入股。在城市规划区内，当地人民政府应当将因征地而导致无地的农民，纳入城镇就业体系，并建立社会保障制度；在城市规划区外，征收农民集体所有土地时，当地人民政府要在本行政区域内为被征地农民留有必要的耕作土地或安排相应的工作岗位；对不具备基本生产生活条件的无地农民，应当异地移民安置。劳动和社会保障部门要会同有关部门尽快提出建立被征地农民的就业培训和社会保障制度的指导性意见。

第三，健全征地程序。在征地过程中，要维护农民集体土地所有权和农民土地承包经营权的权益。在征地依法报批前，要将拟征地的用途、位置、补偿标准、安置途径告知被征地农民；对拟征土地现状的调查结果须经被征地农村集体经济组织和农户确认；确有必要的，国土资源部门应当依照有关规定组织听证。要将被征地农民知情、确认的有关材料作为征地报批的必备材料。要加快建立和完善征地补偿安置争议的协调和裁决机制,维护被征地农民和用地者的合法权益。经批准的征地事项,除特殊情况外,应予以公示。

第四,加强对征地实施过程的监管。征地补偿安置不落实的,不得强行使用被征土地。省、自治区、直辖市人民政府应当根据土地补偿费主要用于被征地农户的原则,制定土地补偿费在农村集体经济组织内部的分配办法。被征地的农村集体经济组织应当将征地补偿费用的收支和分配情况,向本集体经济组织成员公布,接受监督。农业、民政等部门要加强对农村集体经济组织内部征地补偿费用分配和使用的监督。

(2) 2006 年 31 号文

2006 年 8 月 31 日,国务院《关于加强土地调控有关问题的通知》(国发〔2006〕31 号)要求"切实保障被征地农民的长远生计","征地补偿安置必须以确保被征地农民原有生活水平不降低、长远生计有保障为原则。各地要认真落实国办发〔2006〕29 号文件的规定,做好被征地农民就业培训和社会保障工作。被征地农民的社会保障费用,按有关规定纳入征地补偿安置费用,不足部分由当地政府从国有土地有偿使用收入中解决。社会保障费用不落实的不得批准征地",规定"土地出让总价款必须首先按规定足额安排支付土地补偿费、安置补助费、地上附着物和青苗补偿费、拆迁补偿费以及补助被征地农民社会保障所需资金的不足"。

4. 国土资源部等部门的文件

国土资源部也先后出台了一系列规范性文件和办法，就加强征地管理、做好征地补偿安置工作等做出规定。国务院办公厅、劳动和社会保障部、财政部、中共中央纪委办公厅、监察部、最高人民法院等也就各自涉及征地的领域，做出了一系列规定。主要的文件如表2所示。

表2　　1999年以来国土资源部等部门关于征地的主要文件

发文单位	发文时间	文件名
国土资源部	1999年12月24日	《关于加强征地管理工作的通知》（国土资发〔1999〕480号）
国土资源部	2001年11月16日	《关于切实做好征地补偿安置工作的通知》（国土资发〔2001〕358号）
国土资源部	2002年7月12日	《关于切实维护被征地农民合法权益的通知》（国土资发〔2002〕225号）
国土资源部	2004年11月2日	《关于印发关于完善农用地转用和土地征收审查报批工作的意见的通知》（国土资发〔2004〕237号）
国土资源部	2004年11月3日	《关于完善征地补偿安置制度的指导意见》（国土资发〔2004〕238号）
农业部	2005年1月24日	《关于加强农村集体经济组织征地补偿费监督管理指导工作的意见》（农经发〔2005〕1号）
国务院办公厅	2006年4月10日	《转发劳动保障部关于做好被征地农民就业培训和社会保障工作指导意见的通知》（国办发〔2006〕29号

续表

发文单位	发文时间	文件名
国土资源部	2006年9月18日	《关于做好报国务院批准建设用地审查报批有关工作的通知》（国土资厅发〔2006〕118号）
劳动和社会保障部、国土资源部	2007年4月28日	《关于切实做好被征地农民社会保障工作有关问题的通知》（劳社部发〔2007〕14号）
国务院办公厅	2010年5月15日	《关于进一步严格征地拆迁管理工作切实维护群众合法权益的紧急通知》（国办发〔2010〕15号）
国土资源部	2010年6月26日	《关于进一步做好征地管理工作的通知》（国土资发〔2010〕96号）
中共中央纪委办公厅、监察部办公厅	2011年3月17日	《关于加强监督检查进一步规范征地拆迁行为的通知》（中纪办发〔2011〕8号）
最高人民法院	2012年6月13日	《关于严格执行法律法规和司法解释依法妥善办理征收拆迁案件的通知》（法〔2012〕148号）
国土资源部办公厅	2014年9月23日	《关于进一步做好市县征地信息公开工作有关问题的通知》（国土资厅发〔2014〕29号）
财政部、国土资源部	2015年9月17日	《关于进一步强化土地出让收支管理的通知》（财综〔2015〕83号）

资料来源：笔者收集整理。

其中，2010年5月15日，针对一些地区在农村征地和房屋拆迁中造成群众反映强烈、社会影响十分恶劣的问题，国务院办公厅发出《关于进一步严格征地拆迁管理工作切实维护群众合法权益的紧急通知》（国办发明电〔2010〕15号），要求严格执行农村征地程序，做好征地补偿工作："征收集体土地，必须在政府的统一组织和领导下依法规范有序开展。征地前要及时进行公告，征求群众意见；对于群众提出的合理要求，必须妥善予以解决，不得强行实施征地。要严格执行省、自治区、直辖市人民政府公布实施的征地补偿标准。尚未按照有关规定公布实施新的征地补偿标准的省、自治区、直辖市，必须于2010年6月底前公布实施；已经公布实施但标准偏低的，必须尽快调整提高。要加强对征地实施过程的监管，确保征地补偿费用及时足额支付到位，防止出现拖欠、截留、挪用等问题。征地涉及拆迁农民住房的，必须先安置后拆迁，妥善解决好被征地农户的居住问题，切实做到被征地拆迁农民原有生活水平不降低，长远生计有保障。重大工程项目建设涉及征地拆迁的，要带头严格执行规定程序和补偿标准"。

四 《集体土地征收补偿条例》一直未出台

2002年国土资源部"征地制度改革研究"课题组在《征地制度改革研究调研报告》中提出"从建立和完善土地法律体系考虑，《中华人民共和国土地管理法》对征地只作原则规定，可另制定《土地征用条例》作详细规定。修改《中华人民共和国土地管理法》和起草《土地征用条例》工作可同时进行"的建议。①

2003年1月16日《中共中央、国务院关于做好农业和农村工作的意见》（中发〔2003〕3号）提出，"近几年，一些地方征用农村土地补偿标准低、部分农民生活得不到保障和违法占地的问题比较突出。要加强土地利用总体规划和城镇建设规划的管制，禁止随意修改规划，滥占耕地。要区分公益性用地和经营性用地，合理确定补偿标准，妥善安置农民。有关部门要在调查研究基础上，进一步完善农村土地征用办法，逐步建立符合社会主义市场经济要求、有利于经济社会协调发展、有利于保护耕地、保护农民利益的土地征用制度"。随后，国务院办公厅2003年2月28日发出《关于落实中共中央、国务院做好农业和农村工作意见有关政策措施的通知》（国办函〔2003〕15号），指出"关于'进一步完善农村土地征用办法'问题，由中农办牵头组织起草完善征地制度、加强征地管理的政策性文件，由国土资源部负责组织实施征地制度改革的试点，由法制办牵头、国土资源部配合起草《土地征用条例》和提出《土地管理法》的修订建议"。国土资源部也将"起草《土地征用和征收条

---

① 征地制度改革研究课题组：《征地制度改革研究调研报告》，国土资源部办公厅编《2002年国土资源调研报告》，中国大地出版社2003年版，第141—164页。

例》"列入了《2004年国土资源工作要点》。① 2004年1月7日，国土资源部党组向中央督查组汇报时，称"为从根本上解决征占农民集体土地中损害农民利益的问题，我部正积极配合中农办起草中央有关政策性文件。同时，会同农业部、国务院法制办，继续深化征地制度改革试点工作，为政策出台提供依据。积极配合国务院法制办修改《土地管理法》，起草《土地征用征收条例》，确定新型的征地制度框架"②。

到了2011年12月27日，温家宝总理在中央农村工作会议上讲话指出，"第二，推进征地制度改革。……我国经济发展水平有了很大提高，不能再靠牺牲农民土地财产权利降低工业化城镇化成本，有必要、也有条件大幅度提高农民在土地增值收益中的分配比例。……要使被征地农民生活水平有提高、长远生计有保障，必须按照有利于保护农民利益和节约集约用地的原则，精心设计征地制度改革方案，广泛听取社会意见，加快开展相关工作。本届政府要出台这

---

① 《关于印发〈2004年国土资源工作要点〉的通知》，国土资源部办公厅编《国土资源文件汇编（2004）上册》，中国大地出版社2005年版，第269—276页。

② 《国土资源部党组向中央督查组的汇报提纲（2004年1月7日）》，国土资源部机关党委编《国土资源部党建文件集要2》，中国大地出版社2006年版，第320—343页。

项改革的相应法规"①。2012年3月5日，温家宝总理在第十一届全国人民代表大会第五次会议上做工作报告时，提出当年要"制定出台农村集体土地征收补偿条例"②，并在答中外记者问时指出"制定并出台农村集体土地征收补偿条例，真正保障法律赋予农民的财产权利"是他在任职的最后一年"一定要做，努力做好，而不留给后人"的五件事情之一。③ 不过，迄今为止，《农村集体土地征收补偿条例》仍未出台。

---

① 温家宝：《中国农业和农村的发展道路》，《求是》2012年第2期。
② 温家宝：《政府工作报告》，《人民日报》2012年3月16日第1版。
③ 《在十一届全国人大五次会议记者会上温家宝总理答中外记者问》，《人民日报》2012年3月15日第1版。

第三章 新一轮农村土地征收制度改革试点

一 新一轮改革试点概况

2014年12月2日,中共中央总书记、国家主席、中央军委主席习近平主持召开中央全面深化改革领导小组第七次会议。会议审议了《关于农村土地征收、集体经营性建设用地入市、宅基地制度改革试点工作的意见》。会议指出,坚持土地公有制性质不改变、耕地红线不突破、农民利益不受损三条底线,在试点基础上有序推进。2014年12月31日,中共中央办公厅、国务院办公厅印发《关于农村土地征收、集体经营性建设用地入市、宅基地制度改革试点工作的意见》(以下简称《意见》),决定在全国选取30个左右县(市)行政区域进行试点。征地制度改革试点的主要内容是,针对征地范围过大、程序不够规范、被征地农民保障机制不完善等问题，要缩小土地征收范围，探索制定土地征收目录，严格界定公共利益用地范围；规范土地征收程序，建立社会稳定风险评估制度，健全矛盾纠纷调处机制，全面公开土地征收信息；完善对被征地农民合理、规范、多元保障机制。《意见》还指出，要建立兼顾国家、集体、个人的土地增值收益分配机制，合理提高个人收益。针对土地增值收益分配机制不健全，兼顾国家、集体、个人之间利益不够等问题，要建立健全土地增值收益在国家与集体之间、集体经济组织内部的分配办法和相关制度安排。

随后，全国人大常委会2015年2月授权国务院在33个试点县（市、区），突破土地管理法、城市房地产管理法中的相关法律条款，进行试点：暂时调整实施《土地管理法》第四十七条关于征收集体土地补偿的规定，明确综合考虑土地用途和区位、经济发展水平、人均收入等情况，合理确定土地征收补偿标准，安排被征地农民住房、社会保障；加大就业培训力度，符合条件的被征地农民全部纳入养老、医疗等城镇社会保障体系；有条件的地方可采取留地、留物业等多种方式，由农村集体经济组织经营；试点行政区域将合理提高被征地农民分享土地增值收益的比例；国务院有关部门将通过推进征地信息公开、完善征地程序等方式，加强群众对征地过程的监督。上述调整在

2017年12月31日前试行。

2015年6月，33个试点县（市、区）的试点实施方案经国土资源部农村土地制度改革三项试点工作领导小组批复，改革试点工作全面启动。2015年7月2—3日，国土资源部在京召开农村土地制度改革三项试点工作培训班。按照国土资源部副部长王世元在2015年12月21日土地征收制度改革试点专题交流会上的讲话，2015—2016年33个试点县（市、区）中，开展宅基地和集体经营性建设用地入市两项改革试点的均是15个县（市、区），而进行土地征收制度改革试点的只有内蒙古和林格尔县、河北定州、山东禹城3个县市。

经过一段时间的实践，考虑到一个试点地区只开展一项试点任务不容易形成改革合力，不利于系统总结制度性成果，会对深化改革形成一定的制约，2016年国土资源部先后与中央改革办、中央财办、中央农办等部门汇报沟通，8月专门向国务院领导同志书面报告，8月31日正式行文向中央全面深化改革领导小组请示，建议进一步统筹协调推进农村土地制度改革三项试点，在坚守土地公有制性质不改变、耕地红线不突破、粮食生产能力不减弱、农民利益不受损四条底线前提下，把土地征收制度改革和农村集体经营性建设用地入市扩大到33个试点地区，宅基地制度改革仍维持在15个试点。2016年9月12日,中央改革办复函批准。① 至此,征地制度改革试点的范围由原来只有内蒙古和林格尔县、河北定州、山东禹城3个县市推广到33个试点县(市、区)。2016年12月31日,中共中央、国务院《关于深入推进农业供给侧结构性改革加快培育农业农村发展新动能的若干意见》也指出,"统筹协调推进农村土地征收、集体经营性建设用地入市、宅基地制度改革试点"。

关于这一阶段征地制度改革试点的进展情况,2017年10月31日,国土资源部部长姜大明在十二届全国人大常委会第三十次会议上概括指出,"农村土地征收制度改革中一些重点、难点、热点问题开始破题。按照中央部署和《决定》中'按程序、分步骤审慎稳妥推进'的精神,河北定州、山东禹城、内蒙古和林格尔率先开展土地征收制度改革试点,2016年9月,中央进一步决定各试点地区对三项改革试点统筹推进。各试点地区围绕缩小征地范围、规范征地程序、完善合理规范多元保障机制、建立土地增值收益分配机制等任务,积极开展政策研究和实践探索。试点地区以用地类型、用地主体、是否盈利及规划管制等为依据,

---

① 张德霖:《在进一步统筹协调推进农村土地制度改革三项试点任务动员部署会上的讲话》,《国土资源通讯》2016年第20期,第9—14页。

出台了土地征收目录；在征收前、征收中、征收后等环节，初步建立了民主协商、风险评估、纠纷调处、后续监管等程序；本着让被征地农民'生活水平有提高，长远生计有保障'的原则，提高了土地征收补偿标准，完善了被征地农民住房、养老保险等补偿办法；积极探索土地增值收益在中央政府、地方政府、集体、农民之间的分配机制。截至2017年9月，河北定州等三个试点地区按新办法实施征地共63宗、3.9万亩，其他试点地区在土地征收制度改革上也开始进入操作阶段"[①]。

需要指出的是，在三项农村土地制度改革试点中，征地制度改革进展最为缓慢。2015年12月21日，国土资源部副部长王世元在土地征收制度改革试点专题交流会上指出，"大家一致认为土地征收制度改革在三项改革试点中，难度最大、困难最多，进展也相对缓慢"[②]。另据2017年2月28日国土资源部办公厅印发的工作总结，"三块地"改革中，"农村集体经营性建设用地入市改革试点进展较快，已形成相对成熟且具

[①] 姜大明：《对〈关于延长授权国务院在北京市大兴区等33个试点县（市、区）行政区域暂时调整实施有关法律规定期限的决定（草案）〉的说明》，《中华人民共和国全国人民代表大会常务委员会公报》2017年第6期，第959—962页。

[②] 王世元：《在土地征收制度改革试点专题交流会上的讲话》，2015年12月21日。

可操作性的规则体系",而土地征收制度改革试点进展较缓,围绕探索缩小征地范围,规范土地征收程序,完善对被征地农民合理、规范、多元保障机制以及建立土地征收中兼顾国家、集体、个人的土地增值收益分配机制四个方面,"试点地区坚持问题和目标导向,积极开展政策研究,因地制宜形成了 23 个配套制度并进行了实践探索"。①

到 2017 年 9 月,"由于农村土地制度改革试点任务重、要求高,为深入探索和总结试点经验,更好地支撑《土地管理法》修改,综合考虑试点进展情况和《土地管理法》修改进度",中央决定将原来计划于 2017 年年底结束的试点工作延期一年至 2018 年年底。② 2017 年 11 月 4 日,十二届全国人大常委会第三十次会议通过决定,"试点期限延长一年至 2018 年 12

---

① 有的媒体对"三块地"改革试点工作(为期 3 年)时间已经过去了一半时做的评论是"集体经营性建设用地入市取得较大突破,宅基地制度改革缓慢推进,土地征收制度改革却鲜有动作","与农村集体经营性建设用地入市改革进度相比,宅基地制度改革推进缓慢,而征地制度改革更是被指毫无动作","进行征地制度改革试点的内蒙古和林格尔县、河北定州市、山东禹城市,直至目前尚无可取经验","试点的征地项目依然是过去的征地标准,对于改革提出的缩小土地征收范围,规范土地征收程序,完善对被征地农民合理、规范、多元保障机制的要求没有任何探索"。见李张光《"三块地"改革的冰与火》,《民主与法制时报》2016 年 7 月 31 日第 3 版。

② 曹卫星:《在征地制度改革试点座谈会上的讲话》,2017 年 9 月 5 日。

月31日。延长期满，国务院应当就暂时调整实施有关法律规定情况向全国人民代表大会常务委员会作出报告。对实践证实可行的，国务院应当提出修改相关法律的意见；对实践证明不宜调整的，恢复施行有关法律规定"①。正如2018年3月9日国家发展和改革委员会《关于实施2018年推进新型城镇化建设重点任务的通知》提到的"系统总结农村土地制度改革三项试点经验，逐步扩大试点，修改《土地管理法》"，按照计划，有关部门将从2018年年底起对试点进行评估、总结和验收，并在此基础上考虑进行修法。

二 征地制度改革试点县案例研究

内蒙古自治区和林格尔县、河北省定州市、山东省禹城市是2015年以来中央部署的农村"三块地"改革33个试点县中最早进行征地制度改革试点的县市，改革主要包括四方面内容：缩小土地征收范围，规范土地征收程序，完善对被征地农民合理、规范、多元保障机制，建立土地征收中兼顾国家、集体、个人的土地增值收益分配机制。截至2017年9月，河北省定州市等3

---

① 全国人民代表大会常务委员会：《关于延长授权国务院在北京市大兴区等33个试点县（市、区）行政区域暂时调整实施有关法律规定期限的决定》，2017年11月4日。

个试点地区按新办法实施征地共63宗、3.9万亩。

1. 内蒙古自治区和林格尔县

和林格尔县位于内蒙古自治区中部，为自治区首府呼和浩特市所辖旗县之一。2015年，和林格尔县被确定为全国农村土地制度改革33个试点地区之一后，在征地制度改革问题上做出了一些探索。[①]

（1）缩小征地范围

第一，创新公共利益认定机制。参照《划拨用地目录》和《国有土地上房屋征收与补偿条例》，采取列举法与专家征询意见法编制了《土地征收目录（试行）》，区分公益性和经营性建设用地。经认定不属于公益性建设项目的，不得动用征收权。

第二，开辟非公益性项目用地途径。允许退出征地范围的非农建设用地通过入市流转，采取协议转让、出租、联营、入股等方式使用集体建设用地，交给市场解决。例如，和林发电厂贮灰场项目采取土地使用权转让方式提供集体建设用地使用权，进行了不动用征收权的尝试。

---

① 本节案例资料主要来自调研以及郑学良、刘洋《坚持底线思维引方向，稳抓试点目标利长远——"非典型地区"和林格尔县农村土地征收制度改革典型经验》，《内蒙古日报》2016年9月5日第6版；国土资源部办公厅：《关于印发2016年农村土地制度改革三项试点工作总结的通知》（国土资厅函〔2017〕284号），2017年2月28日。

第三，探索公共利益认定争议解决机制。对未列入土地征收目录的项目，拟建项目用地是否属于公共利益存在异议的，由县政府组织召开听证会，确定是否属于公共利益范畴。

（2）创新征地程序

第一，增设公共利益认定环节。在征收审批阶段审查建设项目是否具有公益性，认定不是公益性的不再启动征收程序，将征地权限制在公共利益之内。

第二，增加备案程序。土地征收前，县国土局对被征地农民家庭及收入等情况进行摸底调查，详细建档，登记造册，"一户一档、一人一卡"报人社局备案。

第三，建立社会稳定风险评估制度。成立县土地征收社会稳定风险评估委员会，制定《风险评估实施办法（试行）》。在征收前听取村民意见，进行风险评估，划定风险等级，提出化解风险措施，形成评估报告，作为是否进行土地征收的重要依据。

第四，探索民主协商机制。试行"两公告、一评估、一听证、一协议、一登记"的程序，即土地征收方案批复前与批复后两次公告，进行土地征收社会稳定风险评估，召开土地征收方案听证会，签订征地补偿安置协议，进行征地补偿登记。用法制保障民主协商，以农民参与的全程性体现征收决策及执行的透明性。例如，和林发电厂贮灰场项目虽试验缩小征地范围，但同样完成了社会稳定风险评估、收回村民承包土地使用权、集体建设用地使用权转让授权委托等相关程序。

第五，健全矛盾调处机制。成立县土地征收补偿安置争议协调裁决委员会，制定了《协调裁决办法（试行）》，探索改变政府既是运动员又是裁判员的双重角色，理顺农民诉求表达渠道。

第六，完善信息公开机制。遵循"公开为原则、不公开为例外"原则，在县门户网站设置"征地信息"专栏，主动公告土地征收转用方案等信息，并在报刊、广播、电视等媒体发布公告，满足群众信息多样化需求，保护被征地农民知情权。

（3）探索被征地农民多元保障机制

改进原有"征地统一年产值标准"制度下"一补了之"的货币安置方式，确定了"1+N"的被征地农民多元保障机制，在对被征地农民实行货币补偿的基础上，引入社保、留地、留物业、就创业或商铺开发等方式。

一是完善土地征收补偿标准。开展了县"征地区片综合地价测算"专题研究，综合考虑征地统一年产值标准、土地用途和区位、人均可支配收入以及农用地生产收益等情况，采用多种测算结果加权叠加，突破了以往统一年产值补偿倍数限制，上涨幅度为10%—21%，每亩最高增加7079元，并逐步完善征地补偿与收入上涨、物价增长指数等相适应的动态调整机制。

二是规范制度，强化养老保险社会保障。制定《被征地农民参加社会养老保险办法（试行）》，以村或户为单位，累计征地达到60%和50%以上的被征地农民，均参加城镇职工养老保险或城乡居民养老保险，一次性缴纳的社会养老保险费由被征地农民本人和政府按30%和70%的比例承担。财政部门建立社会养老保险资金专户，预存的社会养老保险费不落实，不予上报征收土地。克略、丹岱被征地农民商业门脸房项目作为多元保障机制试点，目前两村已参加社会养老保险1608人，其中467人已享受养老保险，按年龄每人每月可领取700—1200元的养老保险金。

三是长远激励，扶持再就业再创业。制定《被征地农民创业就业扶持援助实施办法（试行）》。县政府搭建平台，成立云谷物业服务有限公司和云谷保安服务有限公司，组织开展就业创业培训合格后，推荐农民从事园区绿化、物业管理、保安等工作。同时积极协调入区企业和建设单位优先安置当地村民。目前已安置村民近500人就业；鼓励自主创业，对从事种养殖、交通运输、购买商业用房的失地农民给予创业补贴。

(4) 探索兼顾各方的土地增值收益分配机制

一是建立制度,出台征收转用农民集体土地的增值收益核算办法。形成《农村集体土地征收转用增值收益核算与分配方法研究报告》《征收转用农村集体土地增值收益核算办法》,设定了核算公式,根据不同收益获得主体,采用征地和出让两个环节的土地增值收益之和的办法计算确定了收益核算标准。

二是确定标准,创设集体建设用地基准地价体系。和林县在改革之初即开展"全用途基准地价测算"专题研究,对各乡镇进行土地定级、全用途城镇建设用地基准地价评估,建立了覆盖城镇用地二级类的全用途修正体系,为土地征收及集体建设用地出让、租赁、入股等增值收益分配机制提供依据,探索城乡一体化土地供应标准。

三是明确依据,探索土地增值收益的合理分配比例。目前已形成的研究成果包括增值收益分配模型理论构建、投资主体投资金额构成、利益主体风险构成、合理分配比例测算方法等。根据当地情况测算,中央、地方政府、农村集体经济组织、农民的土地增值收益分配比例为15.54%、25.90%、9.81%、48.74%。

四是实践检验,确保各方土地增值收益分享权。选择北国情乳制品加工项目、台格斗乡村旅游建设项目、紫丁香老年公寓等7个工业、商业试点项目,探索联营、土地股份合作、留地、留物业等多种方式,并将收益纳入农村集体资产统一管理,进行土地增值收益核算与收益分配实践,建立土地增值收益在农民集体内部合理分配使用办法。已实践完毕的和林发电厂贮灰场项目,村集体组织获得土地使用权转让费70万元,被占地农民得到了合理补偿。

2. 河北省定州市

定州市原是河北省保定市代管的县级市,2013年改为河北省省直管的市。2015年3月成为土地征收制度改革项目的3个试点之一后,定州进行了一系列探索,制定了11项新的制度办法。[①]

（1）界定征地范围

定州以区分土地用途是否营利作为据,对各类建设的公益、非公益性进行了初步界定,研究形成了目录划分方案。

（2）规范征地程序

定州市探索了征地程序的规范,尝试将政府的角

[①] 本节案例资料主要来自调研以及李季平《两轮协商三重保障,破解征地用地两难题——农村土地征收制度改革试点的定州探索》,《中国改革报》2016年10月21日第1版;国土资源部办公厅:《关于印发2016年农村土地制度改革三项试点工作总结的通知》（国土资厅函〔2017〕284号）,2017年2月28日。

色由过去居高临下"喊话"改为与被征地村民平等"商量着办"。被征地村集体、农民不同意的，市政府不批准、不报批；报批前，必须经过"一个评估、两轮协商、三次公告、四方协议"。

首先，一个评估。成立由维稳、信访、法制、规划、环保等部门组成的土地征收风险评估领导小组，对具体项目征地所产生的社会稳定风险，从法律法规、群众利益、生态环保等多个侧面予以评估，并做出该项目征地是否实施的结论。

其次，两轮协商。风险评估通过后，进入与被征地村委会、村民的"两轮协商"环节，协商内容围绕补偿安置标准和土地征收协议。

最后，三次公告、四方协议。在村集体、村民同意后，国土部门发布土地征收预公告、公告，以及每个村民经过实际测量后的具体被征地面积、补偿等相关细节的第三次公告，并签订由村民、村委会、乡镇、国土部门签证的征地协议。

（3）探索补偿、保障方案

首先，在补偿方式上，政府确定了多种补偿安置方式（区片价+粮食补贴、土地补偿+安置补助费、协商补偿安置等），供被征地户选择，被征地村民可以根据自身家庭的不同情况，选择不同的补偿方式。

其次，针对失地村民集中反映的区片地价难以体现土地价值的问题，出台《定州市农村土地征收粮食补贴办法》，规定给予被征地村民实物（每年每亩800斤小麦、1000斤玉米）或者参照当年粮食市场价格折算成货币发放，粮补条款项在征地协议中注明了永久发放。粮补所需资金列入政府年度预算，由市财政在年度预算内拨出专款，实行专款专用。

最后，制定《定州市被征地农民参加基本养老保险实施方案》，被征地农民可自由选择参加城乡居民养老保险或城镇职工养老保险，政府给予被征地村民每亩两万元的参保补贴。

（4）探索土地增值收益再分配

定州探索直接给被征地农民留地、留物业等让农民长期受益的方式：一是根据村里实际情况，政府出资搞建设；二是在征地过程中对于一次征地面积超过100亩的批次，政府拿出一定的比率留给村集体，用于村集体经营；三是有些商业项目，可以给村集体留出一定数量物业用于出租获利等。例如，定州市西城区小屯村2016年7月被征地800多亩，根据定州市土地增值收益再分配留地经营的改革试点办法，小屯村可以获得留地经营土地40多亩。该村准备将留给村集体的40亩地委托给物流园经营或者出租。定州市还研究制定了《关于土地征收增值收益在农民集体内部合理分配和使用的指导意见》，对集体内部制定土地增值收益分配方案、集体留用资金使用管理、内部监督机制提出了明确要求,从经营、分配、转让、监管等相关环节予以具体规范,防止出现较大经营风险。

3. 山东省禹城市

禹城市是山东省德州市的一个县级市。实施试点后,先后出台了《禹城市土地征收目录》《禹城市征地补偿资金代管暂行办法》等7份基础性文件和规定,制度建设覆盖了征地试点工作的各个环节,并把探索的制度和程序落实到了试点地块。[①]

第一,界定征地范围。禹城以用地类型、用地主体、是否营利及规划管制等作为依据,结合社会调查、专家论证、群众听证等多种方式,研究形成了《禹城市土地征收目录》。

第二,探索农民利益保障机制。禹城探索形成"一代管、二提高、三保障"的农民利益保障机制。

---

① 本节案例资料主要来自调研和山东省国土资源厅《"稳步推进农村土地管理制度改革"(禹城市农村土地制度改革部分)政策解读》,2016年11月23日;山东省国土资源厅:《关于禹城市土地征收制度改革试点情况的调研报告》,山东省人民政府研究室编《山东省政府系统优秀调研成果选编·2015年度·上》,中国经济出版社2016年版,第562—568页;国土资源部办公厅:《关于印发2016年农村土地制度改革三项试点工作总结的通知》(国土资厅函〔2017〕284号),2017年2月28日;朱沙宫、玉河:《让"沉睡资本"醒过来——"稳步推进农村土地管理制度改革"的山东禹城试点调查》,《中国城乡金融报》2017年6月21日第2版。

其中，禹城市研究制定《禹城市征地补偿资金代管暂行办法》，成立禹城市征地补偿资金代管中心，专门负责代管被征地农民土地补偿资金。具体操作中，在广泛征求被征地农民意愿并同意代管的前提下，由资金代管中心、财政局与村集体经济组织签订代管协议，代管期限为五年，合同到期后，资金代管中心与被征地村结清收益，继续委托代管的须重新签订代管合同。代管资金封闭运行、农户固定收益、政府兜底兑现，实现保值增值。每年分两次将固定收益（每年按麦季700斤小麦/亩、秋季800斤玉米/亩的市场价格确定固定收益）兑现到被征地村。被征地村在代管期限内需提前提取征地补偿款本金的，须经村民会议表决通过并提出书面申请。这一做法较好地落实了"被征地农民长远生计有保障"的要求。在辛店、梁家2个乡镇开展工作，在德州市率先落实了被征地农民养老保险个人账户。

第三，探索土地增值收益在国家和集体之间的合理分配比例。禹城在推进征地制度改革的过程中，测算征收农民集体土地产生的平均土地增值收益，确定土地增值收益在农民集体与政府之间的分配比例为：住宅用地24%∶76%，商服用地11%∶89%，工业用地84%∶16%。

4. 三地试点小结

十八大以来，在中央提出的坚守土地公有制性质不改变、耕地红线不突破、粮食生产能力不减弱、农民利益不受损四条底线前提下，和林格尔、定州和禹城3个试点县在缩小征地范围、规范征地程序、完善对被征地农民合理规范多元保障机制以及探索土地增值收益的分配机制上，进行了一些探索：在缩小征地范围方面，研究制定了《土地征收目录》，列举公益用地范围；在规范征地程序方面，设计了社会稳定风险评估机制和民主协商机制，签订征收补偿安置协议，优化征地程序；在多元保障机制方面，探索将被征地农民纳入城镇社会保障体系，通过留地、留物业安置，入股安置，留粮食安置以及补偿款代管等方式，保障被征地农民住有所居及长远生计；在土地增值收益分配方面，研究了土地征收转用增值收益核算办法，为提高个人在土地增值收益中的分配比例提供依据。

总体上看，这些探索初步形成了一些改革成果，部分解决了现有征地制度和实践"没有解决好正确对待农民的问题"以及"没有很好地体现尊重农民的民主权利，保障农民的物质利益的基本准则"的问题，从多征地、乱征地、牺牲农民的倾向转向了少征地、文明征地、照顾好失地农民的方向。

同时，试点工作也存在不少局限。第一，试点范围窄。此轮征地制度改革试点，一开始只有3个县参与，数量十分有限。2015—2016年33个农村土地制度改革试点县（市、区）中，开展宅基地和集体经营性建设用地入市两项改革试点的均是15个县（市、区），而进行土地征收制度改革试点的只有和林格尔、定州和禹城。到了2016年下半年，征地制度改革试点才部署扩展至全部33个县，且各地在很大程度上存在偏重推进集体建设用地和宅基地制度改革试点、忽视征地制度改革试点的情况。这反映了地方政府对征地制度改革不甚积极的态度。

第二，试点地块少。不仅改革试点的区县数量少，而且试点只在试点县的少数试点项目中进行。截至2017年9月，3个试点地区按新办法实施征地的地块只有63宗。要准确评估试点工作对试点地区经济、社会等方面的影响，要客观评估试点的成效，离不开当地对试点政策的确实、全面贯彻。由于试点县都只在少数项目中推行试点政策，导致试点政策的效果和影响难以准确评估和总结。

第三，试点进展慢。目前改革探索的成果主要是政策研究成果，制定了一些文件，"纸上谈兵"比较多，实际落实比较少。征地制度改革试点进展缓慢也得到了土地行政主管部门的承认。例如，2015年年底，国土资源部副部长王世元在土地征收制度改革试点专题交流会上指出，"土地征收制度改革在三项改革试点中，……进展也相对缓慢"；2017年2月，国土资源部办公厅在工作总结中指出，"三块地"改革中，"农村集体经营性建设用地入市改革试点进展较快，已形成相对成熟且具可操作性的规则体系"，而土地征收制度改革试点进展较缓。

第四，信息披露少。这一轮土地制度改革试点工作要求"坚持封闭运行"，将试点限制在经法律授权的县（市）开展，而非试点地区不要擅自行动。实际操作中，"封闭运行"变成了"密不透风"、严格保密，试点方案、实施细则没有公开，试点进展和具体操作等也只有部门官员的少量透露、媒体的简短转述以及试点县的少数笼统的报道。此次试点工作得到社会各界的高度关注，理应增加透明度，加大信息公开披露，主动接受公众监督，以便更好地接受建言献策、集思广益，更好地推进试点工作的开展，让试点工作得到更客观、全面的评价。

第四章 结论与展望

一 结论

21世纪以来,中国征地领域面临前所未有的挑战,征地制度迫切需要改革已是各界的共识。中共中央、国务院也提出了一系列征地制度改革的思路。尤其是2008年十七届三中全会提出,"改革征地制度,严格界定公益性和经营性建设用地,逐步缩小征地范围,完善征地补偿机制。依法征收农村集体土地,按照同地同价原则及时足额给农村集体组织和农民合理补偿,解决好被征地农民就业、住房、社会保障"[1]。2013年,十八届三中全会也要求"缩小征地范围,规范征地程序,完善对被征地农民合理、规范、多元保障机制"[2]。

---

[1] 《中共中央关于推进农村改革发展若干重大问题的决定》,《人民日报》2008年10月20日第1版。

[2] 《中共中央关于全面深化改革若干重大问题的决定》,《人民日报》2013年11月16日第1版。

但迄今为止，1998年修订后的《土地管理法》及其实施条例、释义，仍是目前征地领域的主要制度安排。从新一轮土地管理法修订和农村集体土地征收条例制定的情况来看，征地制度的改革进展极为缓慢。

为什么征地制度改革如此之慢？从20世纪90年代《土地管理法》的修订过程可以看到，对于1998年修订通过、从1999年起实施的《土地管理法》所确立的征地制度的严重缺陷，包括全国人大、国务院和国家土地主管部门在内的各界是清楚的，对于应该如何完善征地制度也是清楚的，但最终却未能实现征地制度的改善，还删去了旧法中一些有利于保护被征地者权利的条款，增设了一些不利于保护被征地者权利的条款，使征地制度发生了转折。正如中央财经领导小组办公室2002年的调研报告指出的，中国征地工作"从根本上没有解决好正确对待农民的问题"，"没有很好地体现尊重农民的民主权利，保障农民的物质利益的基本准则"。[①]

征地制度改革的阻力可能主要来自四个方面。一是产业部门。和1998年《土地管理法》修订时一样，产业部门仍然是征地制度改革的一大阻力。据报道，2002年11月28日，"中财办召集国土资源部、农业

---

① 潘明才：《在完善征地制度调研暨改革试点工作座谈会上的总结讲话》，鹿心社主编《研究征地问题 探索改革之路（二）》，中国大地出版社2003年版，第12—22页。

部、国务院法制办有关领导反复研究,并各自抽调人马组成专门班子研究起草改革的政策性文件",但是,"因为某些部委以及部分地方'一把手'的强烈反对,导致有关工作一度陷入近乎停滞的状态"。对于中财办牵头协调初步形成的方案,"据参与方案制定的有关人士透露,有利益关系的部委和官员基本上反对,没有利益瓜葛的部委和官员就支持"。反对的原因首先是因为利益瓜葛,"一是所辖事务与用地密切相关,例如水利、铁路等,担心改革后造成用地成本提高,推动大型项目不易。其二是所主管产业的成长与用地成本密切相关";[1] 其次是依赖土地发展经济的地方政府;[2] 再次是土地行政主管部门;[3] 最后是为发展经济必须压低土地成本的思维方式。

---

[1] 任波、胡一帆:《征地制度改革:天平向何方倾斜》,《财经》2004年第6期,第56—57页。

[2] 夏斌指出"土地征地制度的改革,最大的阻力来自于各级地方政府",见夏斌主编《中国靠什么继续繁荣?》,东方出版社2013年版,第18页。类似地,叶兴庆曾指出,"缩小征地范围、按市场地价确定征地补偿,最大阻力可能来自地方政府",见叶兴庆著《现代化与农民进城》,中国言实出版社2013年版,第166页。

[3] 2013年5月11日,洪范法律与经济研究所在北京举行"征地制度改革问题研究"学术研讨会,由中国土地学会副理事长黄小虎主讲。在评议阶段,陶然教授指出,"改革的一个阻力可能是国土资源部"。对此,黄小虎回应称,"我在某种程度上也赞成陶然的说法"。洪范法律与经济研究所:《"征地制度改革问题研究"研讨会纪要》,http://www.hongfan.org.cn/file/upload/2013/05/11/1372633960.pdf。按照2018年国务院机构改革方案,国土资源部的职责已与其他部门的职责整合,组建自然资源部。

与此同时，征地问题进一步严重化，现有征地模式越来越难以为继，征地成本越来越高，带来的社会风险也越来越大。而且，征地制度与财政、晋升机制等一起塑造了各地"以地谋发展"的模式，经济增长方式进一步扭曲；大量违法征地背后是层出不穷的腐败，因征地而起的大量信访和群体性事件，影响了改革发展稳定的大局；大规模征地还造成了耕地数量和质量的下降，进而危及粮食安全。[①]

二 展望

习近平总书记曾指出，改革已经进入攻坚期和深水区，必须以更大的政治勇气和智慧，不失时机地深化重要领域改革；要坚持改革开放正确方向，敢于啃硬骨头，敢于涉险滩，既勇于冲破思想观念的障碍，又勇于突破利益固化的藩篱。[②] 改革开放以来中国农村改革的一个重要经验是十一届三中全会《中共中央关于加快农业发展若干问题的决定（草案）》中强调的对农民"经济上充分关心他们的物质利益，在政治上切实保障他们的民主权利"。这一论述在十五届三中全

[①] 张清勇、丰雷：《中国土地征收制度：历史演进、改革困境与出路》，《中国社会科学内部文稿》2016年第4期。

[②] 《习近平在广东考察时强调：增强改革的系统性整体性协同性，做到改革不停顿开放不止步》，《人民日报》2012年12月12日第1版。

会《中共中央关于农业和农村工作若干重大问题的决定》中归纳为"保障农民的物质利益,尊重农民的民主权利",并在十七届三中全会《中共中央关于推进农村改革发展若干重大问题的决定》中得到重申。

在新的时期,仍然需要将"保障农民的物质利益,尊重农民的民主权利"精神落在实地上,确实贯彻于农村集体土地经营制度改革、土地承包经营权流转制度改革、非农业建设用地(包括农村集体经营性建设用地、宅基地和农村土地征收)制度改革的始终。征地制度改革也应该在已有一系列改革试点的基础上,汲取历史上的经验教训,坚定立法修法决心,贯彻"保障农民的物质利益,尊重农民的民主权利"的导向,突破部门立法的藩篱,冲破部门利益和改革阻力,让征地制度朝着改善的方向改革。为此,我们提出以下八个方面的建议。

第一,借鉴历史经验以及征地制度改革试点中涌现出的好做法,明确政府角色定位。政府不应继续集裁判员(管理)与运动员(经营)于一身,而应超脱出来,不再担任运动员的角色,专司裁判员职责;应该与被征地者平等对话,将对方纳入征地的决策和实施过程中,而不是单方面地决定是否征地、征多少地、怎么补偿,并强制让被征地者无条件接受。在这一方面,历史经验和试点探索值得参考。比如,1953年、1958年的《国家建设征用土地办法》都强调要坚决贯彻群众路线，规定"既应根据国家建设的确实需要，保证国家建设所必需的土地，又应照顾当地人民的切身利益，必须对土地被征用者的生产和生活有妥善的安置"的原则，强调要做好解释、准备，强调要进行讨论、取得被征地者的同意和支持，"使群众在当前切身利益得到适当照顾的情况下，自觉地服从国家利益和人民的长远利益"；中共中央给各级党委发指示要求的"决不容许不取得多数群众的同意，采用强迫命令的办法，硬性地决定征用，迫令群众搬家，或者对于土地被征用者补偿安置办法不予履行"；1998 年修订《土地管理法》之前，征地补偿、安置由双方"评议商定""共同评定"的原则；定州市进行征地制度改革探索时将"政府的角色由过去居高临下'喊话'改为与被征地村民平等'商量着办'"。

第二，修改宪法的土地条款。[①] 1982 年的宪法修

[①] 清华大学教授蔡继明曾指出"在征地领域，根本上应该修改《宪法》"，认为城市的土地不能是单一的国有制，否则的话，就跟必须出于公共利益征地相矛盾。见盛洪、沈开举《土地制度研究（第一辑）》，知识产权出版社 2012 年版，第 144 页。类似地，在 2013 年的中浦讲坛上，中央农村工作领导小组副组长、办公室主任陈锡文讲道"如果是城市建设规划内的土地，征还是不征？这是个很现实的问题。要征的话，那怎么缩小范围；要是不征的话，就得修改宪法"。2014 年 1 月 22 日在国务院新闻办的新闻发布会上，陈锡文答记者问时也指出，按照十八届三中全会的《决定》中提到的农村土地制度改革安排，会涉及现行法律法规政策的调整，包括《土地管理法》第 43 条和《宪法》第 10 条中关于城市土地属于国家所有的规定。见常红晓《陈锡文：土地制度改革需修改〈宪法〉》，2014 年 1 月 22 日，财新网，http://china.caixin.com/2014-01-22/100632017.html。

改新增了有关土地所有权的条款，规定城市土地国有，农村土地集体所有，为了公共利益可以征地，土地不得买卖。这使得城市扩张中的非公共利益项目没有一个符合宪法规定、由农村集体所有土地转变为城市国有土地的通道——征地违反宪法，买地也违反宪法。这可能是《土地管理法》1998年转折的重要原因，也是征地制度改革长期难以推进的瓶颈。一个修改思路是，维持土地所有权不得买卖、土地使用权可以转让的规定，打破城乡分割，不强求城市土地必须国有、农村土地必须集体所有，以登记发证方式承认某时点的国有和集体所有土地现状，允许非公共利益项目以取得集体土地使用权的方式用地。另一个思路是，维持城市土地国有、农村土地集体所有，修改土地不得买卖的条款，让原属农村集体所有的土地经买卖转为国有土地，而不是经过征收。还有一个思路是，既不规定城市土地国有、农村土地集体所有，也不禁止土地所有权的买卖。我们认为，三个思路都可以考虑，前两个思路可能比较可行。在此基础上，实现集体建设用地和国有建设用地的同地、同价、同权。

第三，确保只有公共利益项目才可以动用征地权。宪法规定"国家为了公共利益的需要"可以征地。但是，在实践中，"不仅我国土地征用的目的已远远超出公共利益的范畴，而且，国家动用征地权来满足城市化用地需求在某种程度上已为政策法规所承认,这种现象在世界上是绝无仅有的"[1]。应按照宪法的规定,明确只有公共利益项目才可以征地。公共利益难以界定吗?土地管理法规历来都基于公共利益的考量,规定国家机关用地和军事用地、城市基础设施用地等可以以划拨方式取得。可以依此规定,只有按照规划、之后准备以划拨方式供地的建设项目,才可以动用征地权。另外,2011年《国有土地上房屋征收与补偿条例》已经尝试对公共利益做出了界定,农村土地征收可以在此基础上进一步完善。此轮征地制度改革试点地区探索用不同方式对公共利益用地范围进行界定,提出了土地征收目录:河北定州以区分土地用途是否营利作为依据,对各类建设地公益、非公益性进行了初步界定,研究形成了目录划分方案;山东禹城以用地类型、用地主体、是否营利及规划管制等作为依据,结合社会调查、专家论证、群众听证等多种方式,研究形成了《禹城市土地征收目录》;内蒙古和林格尔参照《划拨用地目录》和《国有土地上房屋征收与补偿条例》,结合当地实际,研究形成了《和林格尔县土地征收目录(试行)》。这些探索是有益的,应尽快

---

[1] 国土资源部耕地司、规划院、利用司、规划司联合调研组:《征地目的及征地范围专题调研报告》,鹿心社主编《研究征地问题 探索改革之路(二)》,中国大地出版社2003年版,第45—57页。

予以总结。

除此之外，还要通过程序设计，防止公共利益的界线被随意突破。一方面，是否出于公共利益征地，需要由征地方主动论证，通过论证、公开确证是出于公共利益的，才可以征地。另一方面，要确保被征地方、媒体、公众有对征地方所持的公共利益说法提出质疑或反对的权利。征地方坚持出于公共利益征地，而被征地方提出质疑或反对，双方无法达成一致的，要有公开、合理的裁决方法和程序。未经裁决的，征地方不得实施征地行为。和林格尔在公共利益认定争议解决机制方面，提出对未列入土地征收目录的项目，拟建项目用地是否属于公共利益存在异议的，由县政府组织召开听证会，确定是否属于公共利益范畴。这一探索值得肯定。

第四，允许集体土地按规划进入市场。这是征地制度改革、缩小征地范围的另一面。[①] 中国实行土地公

[①] 中国土地学会副理事长黄小虎指出，允许集体建设用地进入市场，"本身就是征地制度改革的重要内容，与提高补偿标准是一件事情的两个方面"。见黄小虎《征地改革应放开集体建设用地入市》，《中国科学报》2013年2月18日第7版。在另一处，他写道，"允许集体建设用地进入市场，也就缩小了征地范围，属于征地制度改革的一个重要方面"，"当时有关领导明确提出，允许集体建设用地进入市场，实际上就是缩小征地范围，与征地制度改革是一件事情的两个方面"。见黄小虎《征地制度改革的历史回顾与思考》，《上海国土资源》2011年第2期，第7—13页。

有制，国家所有和集体所有都是公有，国家所有和集体所有是平等的——不仅土地的国家所有和土地的集体所有是平等的，而且国有土地的使用权和集体土地的使用权也是平等的。1988年以来的宪法都规定"土地的使用权可以依照法律的规定转让"，1988年的《土地管理法》依此规定"国有土地和集体所有的土地的使用权可以依法转让。土地使用权转让的具体办法，由国务院另行规定"。但是，1998年修订后的《土地管理法》改为"土地使用权可以依法转让"，增加"任何单位和个人进行建设，需要使用土地的，必须依法申请使用国有土地；但是，兴办乡镇企业和村民建设住宅经依法批准使用本集体经济组织农民集体所有的土地的，或者乡（镇）村公共设施和公益事业建设经依法批准使用农民集体所有的土地的除外"，使集体所有的土地使用权可以依法转让的空间被大幅度压缩，只剩下一个"除外"。大量调研表明，农村集体也能统筹利用好土地，如果再能有政府的服务，而不是排斥，农地在不改变集体所有情况下的转用，将能得到更高效的利用。要允许集体土地按规划进行非农建设，还要允许集体土地按规划进入市场，参与城市化。非出于公共利益的建设项目不可动用征地权，由建设方与集体协商取得土地。出于公共利益的建设项目可以动用征地权，也可尽量采取灵活方式，让集体以入股或其他方式参与其中。

第五，正常补偿，评议商定补偿款并签订征地协议。公共利益是强制征地的理由，但不能构成低价征地的理由。然而，长期以来占据主导的，却是为了公共利益就要压低补偿的思维和实践，没有树立不同所有制之间正常交换和补偿的意识，以致国家在违背集体经济组织或个人的意愿、强制征收土地的同时，还往往使后者遭受经济上的损失。例如，1994年国务院第16次常务会议通过的《九十年代国家产业政策纲要》提出"对基础设施和基础工业继续实行低价征用土地的办法"，《中国21世纪议程》提出的"对交通、通信建设用地，实行低价征用办法"，以及1986年以来的《土地管理法》和2004年国务院《关于深化改革严格土地管理的决定》均规定"大中型水利、水电工程建设征收土地的补偿费标准和移民安置办法，由国务院另行规定"，背后可能都是出于这种思维方式。出于公共利益的征地也应按照对被征地方造成的损失，或按被征收地块以非征收渠道转让可能带来的收益进行补偿。应借鉴历史上走群众路线，主动做解释和准备工作，共同评议商定补偿款并签订征地协议的经验。在这样的机制下，实现对被征地者的市场化和财产性补偿。

第六，建立兼顾国家、集体、个人的土地增值收益分配机制。3个试点地区在这方面有一些探索。首先，做好土地增值收益的核算。和林格尔分区域、分用途对全县近几年土地增值收益进行核算，提炼形成《和林格尔县征收转用农村集体土地增值收益核算办法》。其次，让农民集体以多种实现形式合理分享土地增值收益。定州探索采取留地和货币两种方式让农民集体分享土地增值收益。以村为单位，一次性征收土地100亩以上的，按照征地面积的5%实行留地安置或兑换成等量货币。再次，探索土地增值收益在国家和集体之间的合理分配比例。和林格尔从"贡献—风险"角度构建了土地增值收益分配模型，中央政府、地方政府、集体、农民分配比例为21%、32%、16%、31%；禹城测算征收农民集体土地产生的平均土地增值收益，确定土地增值收益在农民集体与政府之间的分配比例为：住宅用地24%:76%、商服用地11%:89%，工业用地84%:16%。最后，土地增值收益在农民集体内部合理分配使用。定州出台指导意见，对集体内部制定土地增值收益分配方案、集体留用资金使用管理、内部监督机制提出了明确要求；和林格尔选择不同经营模式的试点项目，进行土地增值收益核算与收益分配实践，形成了农村集体内部土地增值收益分配办法。

第七，设计好征地的论证、争议、裁决程序。要通过程序设计，改变政府单方面决定是否征地、征多少地、怎么补偿的现状。要通过程序设计，保障征地遵循公共利益、正常补偿等原则。无法达成一致的，应有公开、合理的裁决方法和程序。争议未经裁决的，不得实施征地。国务院常务会议1998年12月24日通过的《中华人民共和国土地管理法实施条例》第二十五条规定，"对补偿标准有争议的，由县级以上地方人民政府协调；协调不成的，由批准征用土地的人民政府裁决。征地补偿、安置争议不影响征用土地方案的实施"。2014年版的《中华人民共和国土地管理法实施条例》仍保留该条款。事实上，该条款并不见于全国人大制定的《土地管理法》，只出现于国务院常务会议通过的《中华人民共和国土地管理法实施条例》。建议立即废除该条款。这方面广东省佛山市南海区、河北定州和内蒙古和林格尔保障农民知情权、参与权的探索值得参考：不是确定好征地及补偿安置方案后才向农民公告，而是增加协商补偿的环节，将协商补偿前移，先协商，后制定征地方案，再上报审批；由征地工作人员和农民集体或村民代表在一定的标准范围内共同议定具体的补偿标准，形成协议，签字盖章认可；增加预公告，在报批征地前，向征地范围内的农村集体经济组织发布征地预公告，告知征地范围、面积及注意事项等。

第八，制定专门的土地征收法律，加快立法、修法进度，将正确的征地理念、程序和好的试点经验法制化。首先，应出台专门的《土地征收法》。《中华人民共和国立法法》第八条规定，对非国有财产的征收只能制定法律。《中华人民共和国立法法释义》明确指出，"将非国有财产国有化必须由法律规定。财产权是公民的一项基本权利，非依法律的规定不得被侵犯"，"将非国有财产国有化一般是适应国家出现的紧急情况和特殊需要而采取的措施。比如，国家处于战争、戒严状态，发生严重的自然灾害或者需要修建大型工程项目等情况出现时，为保护公共利益，才可以征收非国有财产。在正常情况下，不能对非国有财产进行征收。为了使这种征收限制在非常必要的情况下，立法法将对非国有财产的征收的立法列为全国人大及其常委会的专属立法权"。[①] 目前中国没有《土地法》，也没有专门的土地征收法律，有关土地征收的规定主要由《土地管理法》做出。但是，《土地管理法》是"为了加强土地管理"而制定的，不专门针对作为非国有财产的土地的征收。根据《立法法》，为了推进征地制度改革，应尽快制定、出台专门的土地征收法律。其次，要尽快修订《土地管理法》，改正该法

[①] 张春生主编：《中华人民共和国立法法释义》，法律出版社2000年版，第51—52页。《中华人民共和国立法法释义》是由全国人民代表大会常务委员会法律工作委员会编写的中华人民共和国法律释义丛书中的一本。

1998年修订时对征地制度的重大改动,严格界定征地范围,考虑恢复征地双方评议商定补偿款和签署征地协议的规定,废除争议解决前就可以强制实施征地的条款。1998年修订后,该法经2004年8月28日第十届全国人民代表大会常务委员会第十一次会议修改,但修改内容只限于"征用""征收"等文字调整上的适宪性修改。2005年,修订《土地管理法》又被列入了十届全国人大常委会的立法规划。[①] 2008年,修改土地管理法再次列入十一届全国人大常委会的立法规划,十一届全国人大常委会委员长吴邦国也几乎每年都将修改土地管理法列为全国人大的工作任务,却一直未能完成:2009年常委会工作报告提出当年的任务之一是修改土地管理法,2010年提出"研究修改土地管理法",2012年再次提出当年要"修改土地管理法",2013年则是"继续审议"土地管理法修正案草案。最后,国务院要尽快出台农村土地征收条例,细化土地征收法律和土地管理法的内容和操作程序。

---

① 田春华:《全国人大常委会日前决定〈土地管理法〉修订列入立法规划》,2005年3月10日,国土资源部网站,http://www.mlr.gov.cn/xwdt/jrxw/200503/t20050310_65680.htm。

张清勇，管理学博士，中国人民大学农业与农村发展学院副教授、国家发展与战略研究院研究员。主要研究兴趣为土地经济学、土地与住房政策，出版专著《中国土地经济学的兴起：1925—1949年》（商务印书馆2014年版）、《中国农地转用开发问题研究》（商务印书馆2013年版），在《经济研究》《中国社会科学内部文稿》《财贸经济》《中国土地科学》等刊物上发表论文多篇，曾获中国建筑学会"全国建筑经济优秀论文"一等奖、许毅财经科学奖励基金优秀科研成果奖二等奖等。